©   Verlag Zabert Sandmann
München
2. Auflage 2012
ISBN 978-3-89883-336-3

Grafische Gestaltung	Georg Feigl, Jürgen Endriß (Netzwerk GbR)
Foodfotografie	Susie M. Eising (Rezeptfotos); Martina Görlach (Stepfotos)
Foodstyling	Monika Schuster (Rezeptfotos); Michael Koch (Stepfotos); Requisite: Marika Antesberger
Porträtfotos	Foto Sessner (Andreas Köhler)
Rezeptbearbeitung	Monika Reiter, Gerlinde Hans, Patrick Raaß
Redaktion	Ines Alms, Kathrin Gritschneder
Vorwort	Rudolf Bögel
Herstellung	Karin Mayer, Peter Karg-Cordes
Lithografie	Christine Rühmer
Druck & Bindung	Mohn Media Mohndruck GmbH, Gütersloh

 Beim Druck dieses Buchs wurde durch den innovativen Einsatz der Kraft-Wärme-Kopplung im Vergleich zum herkömmlichen Energie-einsatz bis zu 52% weniger CO$_2$ emittiert. *Dr. Schorb, ifeu.Institut*

In Zusammenarbeit mit dem Bayerischen Fernsehen
mit Lizenz durch die BRW-Service GmbH

Besuchen Sie uns auch im Internet unter www.zsverlag.de

Alfons Schuhbeck

Meine bayerische Landküche

ZABERT SANDMANN

Inhalt

HEIMAT DES GUTEN GESCHMACKS

Als echter Bayer werde ich oft gefragt, was Heimat für mich ist. Ganz einfach: Daheim ist, wo mein Herz ist. Also dort, wo man aufgewachsen ist, wo man lebt, und dort, wo die Menschen sind, die man mag. Heimat ist aber auch das, was es dort zu essen gibt.

Die Heimat des guten Geschmacks ist für mich Bayern, und so richtig gut schmeckts auf dem Land. Dort, wo die echte bayerische Küche herkommt. Und diese Küche habe ich für Sie wiederentdeckt, traditionelle Rezepte aufgespürt und neu interpretiert. Und ich kann Ihnen versprechen: Es gibt keine Heimat, die besser schmeckt als Bayern.

Die gute Landküche fängt für mich schon bei den Produkten an. Am besten kocht man doch mit dem, was der heimische Boden hergibt! Und mit dem, was auf den Wiesen, in den Wäldern, Flüssen und Seen kreucht und fleucht und natürlich schwimmt. Fleisch, Wild, Fisch, Obst, Gemüse und Salat – Bayern ist ein Schlaraffenland, warum also in die Ferne schweifen?

Feine Landküche ist immer auch eine Jahreszeitenküche. Es ist doch Unsinn, wenn man jederzeit alles kaufen und essen kann. Den Spargel im Winter, die Pfifferlinge vielleicht schon im Frühjahr? Schmarrn! Das ist ja unser Körper gar nicht gewöhnt. Alles zu seiner Zeit! Saisonal und regional – das war immer schon meine Kochphilosophie.

Ein gutes heimisches Produkt, kochen nach den Jahreszeiten – jetzt kennen Sie schon zwei wichtige Säulen der bayerischen Landküche. Die dritte aber ist auch wichtig: das Hausgemachte! Senf, Essiggurken, Sauerkraut – man muss nicht alles immer nur einkaufen. Sie können das auch selber herstellen. Ganz einfach, Ehrenwort!

In diesem Buch zeige ich Ihnen, wie man Senf oder Sahnemeerrettich an-
rührt, wie man Essigzwetschgen und Rote Bete einlegt oder – auch ein
bisserl raffinierter – wie Sie sich im Handumdrehen sogar bayerisches
Olivenöl und Pesto zaubern. Was Hausgemachtes ist halt was! Erstens weiß
man dann genau, was drin ist, und zweitens schmeckt`s ganz einfach gut
und drittens passt das in der Kombination ganz hervorragend zu meiner
neuen bayerischen Landküche.

Bodenständig, nicht gspinnert, aber trotzdem raffiniert und gschmackig –
so sind meine Rezepte. Ob Ochs, Spanferkel, Hendl oder Forelle, ob Gröstl,
Brotsuppe, Strudel oder Nockerl – meine Küche schmeckt nicht nur
nach Heimat, sondern sie ist die Nahrung, auf der Heimatgefühle erst
wachsen können!

Ihr Alfons Schuhbeck

Hausg'macht

KRÄUTERSALZ

Zutaten für ca. 100 g

100 g naturbelassenes feinkörniges
Meersalz (oder Steinsalz)
1 TL getrocknetes Bohnenkraut
1 TL getrockneter Majoran
1 TL getrockneter Rosmarin
(fein gehackt)
1 TL Thymianblätter (frisch
geschnitten)
1 TL getrockneter Oregano
je 1 Msp. Knoblauch-, Vanille- und
Ingwerpulver

1 Das Meersalz mit dem Bohnenkraut, dem Majoran, dem Rosmarin, dem Thymian und dem Oregano in einer Schüssel mischen. Das Knoblauch-, Vanille- und Ingwerpulver dazugeben.

2 Die Mischung in passende Gefäße (z.B. Twist-off-Gläser) füllen und gut verschließen.

3 Für ein Kräuter-Gewürz-Salz das fertige Kräutersalz mit etwa 2 TL Currypulver mischen. Bei eher kühler Zimmertemperatur (z.B. Speisekammer) halten sich beide Kräutersalze etwa 2 Monate.

MEIN TIPP:

Wenn Sie die getrockneten Kräuter selbst herstellen möchten, binden Sie sie locker zu kleinen Sträußchen und lassen sie an einem luftigen Ort trocknen. Oder verteilen Sie die frischen Kräuter auf Backbleche und lassen sie im Ofen bei 80 °C etwa 4 Stunden trocknen. Anschließend die Kräuterblätter von den Stielen rebeln.

GEMÜSEBRÜHPULVER

Zutaten für ca. 300 g (ergibt 8–10 l)

2 Zwiebeln (à ca. 200 g)
250 g Lauch
300 g Karotten
300 g Knollensellerie
100 g Champignons
4 Scheiben Ingwer
100 g Petersilie (Blätter und Stiele,
frisch geschnitten)
3 Zweige Liebstöckel (frisch
geschnitten)
4 Knoblauchzehen (in Scheiben)
80 g Salz

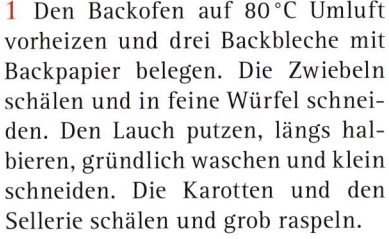

1 Den Backofen auf 80 °C Umluft vorheizen und drei Backbleche mit Backpapier belegen. Die Zwiebeln schälen und in feine Würfel schneiden. Den Lauch putzen, längs halbieren, gründlich waschen und klein schneiden. Die Karotten und den Sellerie schälen und grob raspeln.

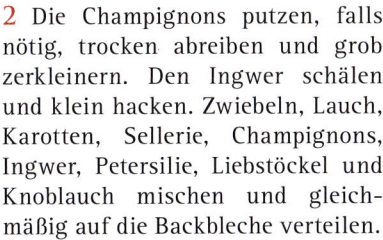

2 Die Champignons putzen, falls nötig, trocken abreiben und grob zerkleinern. Den Ingwer schälen und klein hacken. Zwiebeln, Lauch, Karotten, Sellerie, Champignons, Ingwer, Petersilie, Liebstöckel und Knoblauch mischen und gleichmäßig auf die Backbleche verteilen.

3 Die Gemüse-Kräuter-Mischung im Ofen 4 bis 6 Stunden trocknen lassen. Anschließend in einem elektrischen Zerkleinerer portionsweise zu feinem Pulver mahlen. Das gemahlene Trockengemüse mit dem Salz mischen und das Gemüsebrühpulver gut verschlossen aufbewahren. Es hält sich bei kühler Zimmertemperatur (z. B. Speisekammer) etwa 1 Jahr. Zur Herstellung einer Brühe auf ½ l Wasser 1 EL Gemüsebrühpulver geben, aufkochen, einige Minuten ziehen lassen und nach Belieben abseihen.

BRAUNE GRUNDSAUCE

Zutaten für ca. 600 ml

1 ½ kg Kalbsknochen
1 TL Puderzucker
1 EL Tomatenmark
300 ml kräftiger Rotwein
3 Zwiebeln (geschält und gewürfelt)
1 kleine Karotte (geschält und gewürfelt)
150 g Knollensellerie (geschält und gewürfelt)
½ – 1 EL Öl
2 l schwach gesalzene Hühnerbrühe

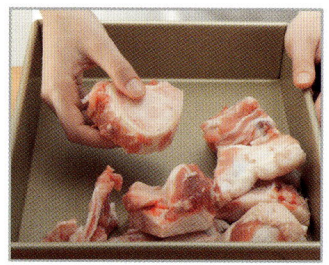

1 Den Backofen auf 220 °C vorheizen. Die Knochen klein hacken und auf einem Backblech auf der mittleren Schiene etwa 45 Minuten bräunen. Den Puderzucker in einem Topf bei mittlerer Hitze hell karamellisieren. Das Tomatenmark unterrühren, kurz mitrösten.

2 Nach und nach jeweils mit einem Drittel Wein ablöschen und einköcheln lassen. Gemüsewürfel in einer Pfanne im Öl andünsten. Mit den gebräunten Knochen in den Topf geben und mit so viel Brühe auffüllen, dass alles bedeckt ist. Leicht siedend etwa 2 Stunden ziehen lassen.

3 Die Sauce durch ein Sieb gießen und in Gläser füllen. Den Backofen auf 200 °C vorheizen. Auf die unterste Schiene ein tiefes Backblech schieben, etwa 2 cm hoch Wasser einfüllen und zwei Lagen Küchenpapier hineinlegen. Die Gläser so auf das vorbereitete Backblech in das Wasser stellen, dass sie sich nicht berühren. Die Sauce im Wasserbad 15 Minuten einkochen, dann die Ofentür öffnen und die Gläser abkühlen lassen. Bei kühler Zimmertemperatur (z. B. Speisekammer) hält sich die braune Grundsauce etwa 6 Monate.

MEIN TIPP:

Diese Sauce passt, variiert mit beliebigen Gewürzen und Kräutern, besonders für Kurzgebratenes wie Entrecôte, Rinder- oder Schweinefilet sowie zum Angießen von Schmorgerichten.

Bayerisches Olivenöl (braune Butter)

Zutaten für ca. 200 g

250 g Butter

1 Die Butter in einen Topf geben und mit einem Löffel etwas zerpflücken. Die Butterstücke bei milder Hitze langsam zerlassen.

2 Die Butter 10 bis 15 Minuten bei milder Hitze köcheln lassen, bis das in der Butter enthaltene Wasser verkocht und die Butter gebräunt ist.

3 Ein Sieb mit Küchenpapier auslegen. Die Butter durch das Sieb gießen und in einer Schüssel auffangen. Die braune Butter abkühlen lassen und in ein gut schließendes Glas füllen. Im Kühlschrank hält sie sich etwa 8 Wochen. Für eine Gewürzbutter z.B. Knoblauch, Ingwer, Rosmarin und Zitronenschale vor dem Abkühlen in die braune Butter rühren.

Mein Tipp:

Für Butterschmalz den beim Zerlassen austretenden Schaum (das ausgeflockte Eiweiß) immer wieder abschöpfen. Die Butter so lange köcheln, bis sie nach etwa 10 Minuten zu blubbern aufhört. Dann ist die ganze Flüssigkeit verkocht und reines Butterfett übrig – das Butterschmalz. Die letzten Eiweißreste absieben (siehe Schritt 3). Schmalz abkühlen lassen und in ein gut schließendes Glas füllen.

ZWIEBELSENF

Zutaten für 1 Glas (ca. 300 ml)

½ kleine Zwiebel (oder 1 Schalotte)
50 g Zucker
50 ml Weißweinessig (6 % Säure)
1 Msp. geriebener Ingwer
¼ ausgekratzte Vanilleschote
60 g feines gelbes Senfmehl
10 g Salz

1 Die Zwiebel schälen und in feine Würfel schneiden. 100 ml Wasser mit dem Zucker in einem kleinen Topf bei mittlerer Hitze einkochen, bis Karamell entsteht. Gegen Ende die Zwiebelwürfel hineinrühren, den Topf vom Herd nehmen und die Zwiebeln noch kurz darin garen.

2 Den Essig mit gut 100 ml Wasser mischen und den Zwiebelkaramell damit ablöschen. Den Ingwer hinzufügen und die Vanilleschote hineinlegen. Abkühlen lassen und die Vanilleschote anschließend entfernen.

3 In einer Schüssel den Zwiebelkaramell mit dem Senfmehl verrühren und mit Salz abschmecken. Mit dem Handrührgerät etwa 5 Minuten auf kleiner Stufe rühren. Den Zwiebelsenf in ein sterilisiertes Glas füllen, gut verschließen und abkühlen lassen. Er hält sich bei kühler Zimmertemperatur (z.B. Speisekammer) etwa 1 Jahr.

MEIN TIPP:

Die Schärfe des Senfs ist auch von der Senfsorte abhängig – gelbe Sorten sind milder als dunkle. Auch die Temperatur der zugegebenen Flüssigkeit spielt eine Rolle, denn je wärmer diese ist, desto milder wird der Senf. Auch beim anschließenden Lagern verliert Senf nach und nach noch an Schärfe.

BAYERISCHE REMOULADE

Zutaten für ca. 350 g

*Für das eingelegte Gemüse
(6 Gläser à 200 g):*

*je 200 g Salatgurke, Zwiebel,
Kürbis und Ingwer
400 ml klarer Apfelsaft
120 g Zucker
½ ausgekratzte Vanilleschote
½ Zimtstange · 1 Zacken Sternanis
1 schwach geh. TL Salz
100 ml Apfelessig*

Für die Remoulade:

*200 g Schmand · 1 TL Dijon-Senf
1 hart gekochtes Ei
4 EL eingelegtes Gemüse (abgetropft)
1–2 EL Schnittlauchröllchen
1 EL Kerbelblätter (frisch
geschnitten) · mildes Chilisalz
1–2 EL Gemüse-Einlegefond*

1 Für das eingelegte Gemüse die Gurke, die Zwiebel und den Kürbis schälen und in sehr feine Würfel schneiden. Vom Ingwer mit einem Löffel die Schale abkratzen und den Ingwer ebenfalls in sehr kleine Würfel schneiden.

2 Apfelsaft, Zucker, Vanille, Zimt, Anis und Salz in einem Topf erhitzen. Gemüse und Ingwer dazugeben und 1 Minute knapp unter dem Siedepunkt ziehen lassen. Essig dazugeben und aufkochen. In sterilisierte Gläser füllen. Gut verschließen, abkühlen lassen und kühl stellen.

3 Für die Remoulade den Schmand mit dem Senf glatt rühren. Das Ei pellen und in kleine Würfel schneiden. Mit dem eingelegten Gemüse, dem Schnittlauch und dem Kerbel in die Schmandmasse rühren und alles mit Chilisalz und dem Einlegefond abschmecken. Die Remoulade hält sich im Kühlschrank 1 bis 2 Tage, das eingelegte Gemüse etwa 6 Monate.

MEIN TIPP:

Anstelle von Schmand können Sie für die Remoulade nach Belieben auch saure Sahne, Mayonnaise oder eine Mischung aus Schmand und saurer Sahne verwenden. Die Remoulade eignet sich für Gebackenes wie Fisch und Hendl, schmeckt aber genauso gut zu einer einfachen Brotzeit. Das eingelegte Gemüse passt hervorragend in Salatmarinaden, zu Tatar oder Carpaccio.

BAYERISCHER KETCHUP

Zutaten für ca. 1 l

1 Zwiebel
50 g brauner Zucker
1 EL Tomatenmark (ca. 30 g)
600 g stückige Tomaten
(aus der Dose)
150 ml Gemüsebrühe (siehe S. 11)
50 ml Ananassaft
1 EL mildes Currypulver
milde Chiliflocken
1 TL Apfelessig
50 ml Öl
10 g Salz

1 Die Zwiebel schälen und in feine Würfel schneiden. Den braunen Zucker in einem Topf bei milder Hitze hell karamellisieren. Die Zwiebelwürfel hineinrühren und kurz andünsten. Das Tomatenmark dazugeben und etwas mitrösten.

2 Die stückigen Tomaten, die Brühe und den Ananassaft dazugeben und alles etwa 30 Minuten knapp unter dem Siedepunkt mehr ziehen als köcheln lassen.

3 Das Currypulver, 1 Prise Chiliflocken und den Essig zu den Tomaten geben. Das Ganze mit dem Stabmixer pürieren und dabei das Öl hineinlaufen lassen. Den Ketchup mit Salz abschmecken. Er hält sich im Kühlschrank mehrere Tage.

MEIN TIPP:

Möchten Sie Ketchup auf Vorrat zubereiten, wird er in Flaschen mit Twist-off-Deckeln eingekocht: Den Ofen auf 200 °C vorheizen, ein tiefes Backblech etwa 2 cm hoch mit Wasser füllen und eine Lage Küchenpapier darauflegen. Die mit Deckeln verschlossenen Flaschen hineinstellen und auf der untersten Schiene 20 Minuten einkochen. Den Ketchup auskühlen lassen. Er hält sich bei kühler Raumtemperatur mehrere Monate.

BAYERISCHES PESTO

Zutaten für 2 Gläser (à ca. 120 ml)

50 g Babyspinat
40 g Petersilie (Blätter und
feine Stiele)
1 Handvoll Kerbelblätter
3 Liebstöckelblätter · Salz
1 EL grob gehackte, geröstete
Haselnüsse
½ kleine Knoblauchzehe
(in Scheiben)
1 Msp. geriebener Ingwer
100 g Öl
2–3 EL braune Butter (nicht zu heiß;
siehe S. 13)
milde Chiliflocken
1 Msp. abgeriebene unbehandelte
Zitronenschale
ca. ½ TL Zitronensaft

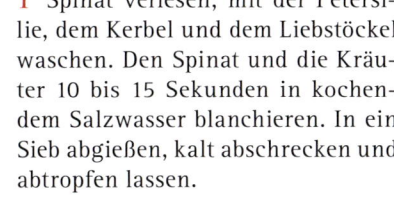

1 Spinat verlesen, mit der Petersilie, dem Kerbel und dem Liebstöckel waschen. Den Spinat und die Kräuter 10 bis 15 Sekunden in kochendem Salzwasser blanchieren. In ein Sieb abgießen, kalt abschrecken und abtropfen lassen.

2 Mit den Händen das übrige Wasser herausdrücken und die Blätter klein schneiden. Mit Haselnüssen, Knoblauch, Ingwer, Öl und brauner Butter in den Blitzhacker geben. Mit 1 Prise Chili sowie Zitronenschale und -saft würzen und alles zu einer feinkörnigen Paste pürieren.

3 Das Pesto in zwei sterilisierte Gläser füllen und mit einer Schicht Öl bedecken. Das Glas gut verschließen. Das bayerische Pesto hält sich im Kühlschrank etwa 4 Wochen.

MEIN TIPP:

Liebstöckel ist ein äußerst kräftiges Würzkraut, das nur in geringen Mengen verwendet werden sollte. Ein paar Blättchen reichen vollkommen aus, um das Pesto raffiniert zu verfeinern. Anstatt der Haselnüsse können Sie nach Belieben auch geröstete Mandelblättchen verwenden.

SAHNEMEERRETTICH

Zutaten für 1 Glas (ca. 200 ml)

150 g Meerrettichwurzel
2–3 TL Zitronensaft
1 geh. TL Salz
1 TL Zucker
100 g Sahne

1 Die Meerrettichwurzel schälen und fein reiben. 100 g geriebenen Meerrettich abwiegen und mit dem Zitronensaft, dem Salz, dem Zucker und der Sahne in einen hohen Rührbecher geben. Alternativ alle Zutaten in einen Mixer füllen.

2 Die Mischung im Blitzhacker pürieren, bis das Ganze eine cremige Konsistenz angenommen hat. Den Sahnemeerrettich in ein Glas füllen und gut verschließen.

3 Den Backofen auf 200 °C vorheizen. In einer ofenfesten tiefen Pfanne etwa 1 cm hoch Wasser einfüllen und kurz aufkochen. Zwei Lagen Küchenpapier hineinlegen und das Glas hineinstellen. Die Pfanne mit dem Glas auf die unterste Schiene stellen und den Meerrettich etwa 15 Minuten einkochen. Das Glas herausnehmen und abkühlen lassen.

MEIN TIPP:

Wer den Meerrettich etwas cremiger möchte, kann auch 200 g Sahne verwenden. Für eine feine Konsistenz und eine schöne Bindung in diesem Fall noch 1 g Guarkernmehl (aus dem Bioladen oder Reformhaus) hinzufügen. Der Meerrettich hält sich bei kühler Zimmertemperatur (z.B. Speisekammer) mehrere Monate. Nach dem Öffnen sollte er im Kühlschrank aufbewahrt werden.

APFELKREN

Zutaten für 2 Gläser (à ca. 200 ml)

500 g Äpfel (z. B. Elstar)
80 g Meerrettichwurzel
75 g Zucker
½ TL Salz
60 ml Weißweinessig (6 %)

1 Die Äpfel schälen, vierteln, entkernen und in ca. 1 cm große Würfel schneiden. Den Meerrettich schälen und fein reiben. Die Apfelwürfel in einem Topf mit Zucker, Salz und 50 ml Wasser zugedeckt etwa 10 Minuten weich dünsten.

2 Den Topf vom Herd nehmen, die Apfelmasse in einen hohen Rührbecher füllen und mit dem Stabmixer pürieren.

3 Den Essig und 60 g geriebenen Meerrettich in das Apfelpüree rühren. Den Apfelkren noch einmal kurz aufkochen, in sterilisierte Gläser füllen und gut verschließen. Die Gläser auf den Deckel stürzen, abkühlen lassen. Der Kren hält sich bei kühler Zimmertemperatur (z. B. Speisekammer) mehrere Monate.

MEIN TIPP:

Apfelkren schmeckt zu geräuchertem Fisch, Matjes, Lachs oder Lachsforelle und eignet sich zum Verfeinern von Dips und Salatmarinaden.

LANDLEBERWURST

Zutaten für 5 Gläser (à ca. 200 ml)

*300 g Kalbs- oder Geflügelleber
(geputzt und gewürfelt)
5 g Pökelsalz (vom Metzger)
2 Zwiebeln (davon 1 fein gewürfelt)
1 Lorbeerblatt
3 Gewürznelken · Salz
750 g fetter Schweinebauch
(50–70 % Fettanteil)
¼ Apfel (ca. 50 g; gewürfelt)
½ TL Knoblauchpulver
½ TL Ingwerpulver · 2 TL Zucker
2 schwach geh. EL getrockneter
Majoran
½ TL mildes Chilipulver
½ TL Pfeffer aus der Mühle
je ½ TL gemahlener Fenchel
und Piment · ½ TL Zimtpulver
½ TL gemahlener Koriander
frisch geriebene Muskatnuss*

1 Leber und Pökelsalz pürieren, bis die Masse Blasen wirft. Kühl stellen. 1 Zwiebel schälen, Lorbeerblatt daran mit Nelken feststecken. Salzwasser aufkochen, Zwiebel und Bauch einlegen (gut mit Wasser bedecken). Leicht siedend etwa 2½ Stunden weich garen, Schaum abschöpfen.

2 Apfel- und Zwiebelwürfel in einer Pfanne in 100 ml der Kochbrühe dünsten, bis die Flüssigkeit verkocht ist. Abkühlen lassen, pürieren. Ofen auf 80 °C vorheizen. Ein tiefes Blech auf der untersten Schiene 2 cm hoch mit heißem Wasser füllen und zwei Lagen Küchenpapier einlegen.

3 Schweinebauch aus dem Sud heben, zerkleinern und zweimal durch die feine Scheibe des Fleischwolfs drehen. Das heiße Fleischpüree mit Apfelpüree und kaltem Leberpüree verrühren. 100 ml heiße (!) Kochbrühe vom Schweinebauch hinzufügen. Mit den Gewürzen und etwa 10 g Salz würzen. Die Masse bis 1½ cm unter den Rand in Gläser füllen. Gläser gut verschließen, mit etwas Abstand zueinander in das Wasserbad im Ofen stellen und die Leberwurst 1¼ bis 1½ Stunden einkochen. Die Gläser aus dem Ofen nehmen und abkühlen lassen. Die Leberwurst hält sich bei kühler Zimmertemperatur (z. B. Speisekammer) mehrere Monate.

GRIEBENSCHMALZ

Zutaten für 3 Gläser (à ca. 200 g)

500 g fetter Rückenspeck
(ohne Schwarte)
2 Zwiebeln (200 g; gewürfelt)
½ Apfel (z. B. Elstar; gewürfelt)
½ TL geriebener Knoblauch
½ TL geriebener Ingwer
1 TL getrockneter Majoran
gemahlener Kümmel
Salz
milde Chiliflocken

1 Den Speck in ½ cm große Würfel schneiden. In einer Pfanne bei mittlerer Hitze unter Rühren 10 bis 15 Minuten sanft garen, bis das Fett ausgetreten ist und hell gebräunte Grieben entstehen. Das Fett zwischendurch immer wieder durch ein Sieb abgießen und beiseitestellen.

2 Die Grieben zum Schluss im übrigen Fett knusprig braten. Herausnehmen und auf Zimmertemperatur abkühlen lassen. Das abgegossene Fett auch abkühlen lassen und kühl stellen. Zwiebeln in 2 EL Schweinefett bei milder Hitze goldbraun braten, Apfelwürfel kurz mitdünsten.

3 Knoblauch, Ingwer, Majoran und 1 Prise Kümmel hinzufügen, die Mischung gut abkühlen lassen und in das abgekühlte Schweinefett rühren. Die Grieben dazugeben und das Schmalz mit Salz und Chiliflocken würzen. In sterilisierte Gläser füllen und kühl stellen. Das Griebenschmalz hält sich bei kühler Zimmertemperatur (z. B. Speisekammer) etwa 6 Monate.

MEIN TIPP:

Das austretende Fett wird immer wieder abgegossen, so bleibt es frisch und hell. Das Schmalz erhält eine besonders cremige Konsistenz und schöne helle Farbe, wenn man es nach der Zugabe von Apfel- und Zwiebelwürfeln, Salz und Chili mit den Quirlen des Handrührgeräts einige Minuten kräftig durchrührt. Anschließend die knusprigen, abgekühlten Grieben dazugeben und das Schmalz in Gläser füllen.

EINGELEGTER KNOBLAUCH MIT INGWER

Zutaten für 2 Gläser (à ca. 200 ml)

2 Knollen Knoblauch
(ca. 70 g geschält)
120 g Ingwer (ca. 100 g geschält)
200 ml klarer Apfelsaft
50 ml Apfelessig
60 g Zucker · ¼ – ½ TL Salz
1 kleines Lorbeerblatt
2 Splitter Zimtrinde
¼ ausgekratzte Vanilleschote
(halbiert)
¼ TL Korianderkörner
4 Wacholderbeeren

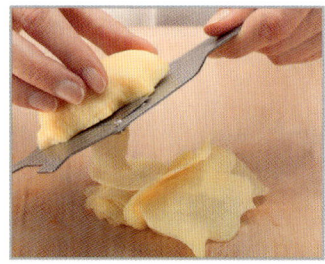

1 Die Knoblauchknollen zerteilen und alle Zehen schälen. Vom Ingwer die Schale mit einem Löffel abkratzen oder mit einem kleinen Messer abschälen. Den Ingwer mit der Faser in hauchdünne Scheiben hobeln.

2 Den Apfelsaft und den Essig in einen Topf füllen. Zucker, Salz, Lorbeerblatt, Zimtrinde, Vanilleschote, Korianderkörner und Wacholderbeeren hinzufügen. Die Knoblauchzehen und die Ingwerscheiben einlegen und alles einmal aufkochen.

3 Knoblauch und Ingwer mit Gewürzen und Sud noch heiß in sterilisierte Gläser füllen. Dabei darauf achten, dass die Gewürze auf beide Gläser gleichmäßig verteilt sind. Die Gläser gut verschließen und abkühlen lassen. Bei kühler Zimmertemperatur (z.B. Speisekammer) ist der Knoblauch etwa 6 Monate haltbar.

EINGELEGTE ROTE BETE

Zutaten für 2 Gläser (à ca. 1 l)

*1,2 kg Rote Beten (mittlere
Größe; à ca. 200 g) · Salz
1 Zwiebel (ca. 200 g)
2 kleine Lorbeerblätter
2 kleine getrocknete rote
Chilischoten
¼ ausgekratzte Vanilleschote
(halbiert)
1 TL ganzer Kümmel
2 Knoblauchzehen (in Scheiben)
4 Scheiben Ingwer
2 Splitter Zimtrinde
je 1 Prise ganzer Kümmel und
Fenchelsamen
2 grüne Kardamomkapseln
2 Streifen unbehandelte
Orangenschale
¼ l Weißweinessig
85 g Zucker*

1 Die Roten Beten waschen und in kochendem, kräftig gesalzenem Wasser etwa 1 Stunde weich garen. In ein Sieb abgießen, kalt abschrecken und abtropfen lassen. Die Roten Beten schälen und in Spalten schneiden. Die Zwiebel schälen und in schmale Spalten schneiden.

2 Den Backofen auf 200 °C vorheizen. Auf die unterste Schiene ein tiefes Blech schieben, etwa 2 cm hoch Wasser einfüllen, zwei Lagen Küchenpapier hineinlegen. Rote Beten und Zwiebelspalten mit den Gewürzen gleichmäßig auf Gläser verteilen, fest einschichten.

3 Für den Sud 600 ml Wasser mit Essig, Zucker und 20 g Salz aufkochen und heiß in die Gläser füllen. Die Roten Beten sollten vollständig bedeckt sein. Die Gläser gut verschließen und so auf das vorbereitete Backblech stellen, dass sie sich nicht berühren. Im Ofen 20 Minuten einkochen und im geschlossenen Ofen im Wasser abkühlen lassen. Die Roten Beten halten sich bei kühler Zimmertemperatur (z.B. Speisekammer) etwa 6 Monate.

MEIN TIPP:

Die Mengenangabe für den Essig gilt für eine milde Sorte. Sollte der verwendete Essig schärfer sein, lieber etwas weniger dazugeben und am Schluss gegebenenfalls nachwürzen. Die eingelegte Rote Bete schmeckt übrigens auch hervorragend, wenn Sie noch ein paar geschälte Apfel- oder Birnenscheiben mit einlegen.

SENFGURKEN

Zutaten für 5 Gläser (à ca. 200 ml)

750 g Salatgurken
1 Zwiebel (geschält und in dünne
Streifen geschnitten)
5 Scheiben Ingwer
1 Lorbeerblatt (in 5 Stücken)
5 Stiele Dill
milde Chiliflocken
2 TL gelbe Senfkörner
je ½ TL Korianderkörner und
Fenchelsamen
180 ml milder Weißweinessig
110 g Zucker
1 TL Salz

1 Den Backofen auf 175 °C vorheizen. Auf die unterste Schiene ein tiefes Backblech schieben und etwa 2 cm hoch Wasser einfüllen. Gurken schälen, längs halbieren, die Kerne entfernen. Die Hälften im Zickzackschnitt in 1½ bis 2 cm große trapezförmige Stücke schneiden.

2 Die Gurkenstücke mit den Zwiebelstreifen mischen und in sterilisierte Gläser füllen. Je 1 Ingwerscheibe, 1 Stück Lorbeerblatt und 1 Stiel Dill hinzufügen. Jeweils einige Chiliflocken, Senf- und Korianderkörner sowie Fenchelsamen darauf verteilen.

3 Essig mit 300 ml Wasser, Zucker und Salz aufkochen und den Sud auf die Gläser verteilen. Die Gläser gut verschließen und so in das Wasserbad stellen, dass sie sich nicht berühren. Die Gurken im Ofen etwa 30 Minuten einkochen. Die Gläser aus dem Ofen nehmen und abkühlen lassen. Die Senfgurken mindestens 2 Tage, besser 2 Wochen durchziehen lassen. Sie halten sich bei kühler Zimmertemperatur (z. B. Speisekammer) etwa 6 Monate.

ESSIGZWETSCHGEN

Zutaten für 4 Gläser (à ca. 400 ml)

1 Vanilleschote
200 ml Rotwein
200 ml Rotweinessig
275 g Zucker
1,2 kg Zwetschgen (gewaschen
und entsteint)
4 Scheiben Ingwer
je 4 kleine Streifen unbehandelte
Zitronen- und Orangenschale
4 Gewürznelken
4 grüne Kardamomkapseln
4 kleine Splitter Zimtrinde
4 EL hochprozentiger Rum

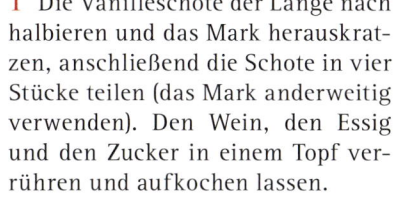

1 Die Vanilleschote der Länge nach halbieren und das Mark herauskratzen, anschließend die Schote in vier Stücke teilen (das Mark anderweitig verwenden). Den Wein, den Essig und den Zucker in einem Topf verrühren und aufkochen lassen.

2 Die Zwetschgenhälften dicht nebeneinander in sterilisierte Gläser schichten und die Vanilleschotenstücke sowie die Gewürze gleichmäßig in den Gläsern verteilen. Mit kochendem Sud auffüllen, sodass die Zwetschgen gerade bedeckt sind.

3 Den Rum auf die Zwetschgen träufeln und anzünden. Sofort den Deckel aufsetzen und die Gläser damit fest verschließen. Auf den Deckel stürzen, abkühlen lassen und am besten 2 Monate durchziehen lassen. Die Essigzwetschgen halten sich bei kühler Zimmertemperatur (z. B. Speisekammer) etwa 6 Monate. Sobald das Glas geöffnet ist, im Kühlschrank aufbewahren.

MEIN TIPP:

Durch das Verbrennen des Rums unter dem verschlossenen Deckel verschwindet der im Glas verbliebene Sauerstoff. Es entsteht ein Vakuum, und die Zwetschgen sind auf diese Weise haltbar gemacht.

MANDEL-ORANGEN-HIPPEN

Zutaten für ca. 40 Hippen

50 g Butter
1 Msp. abgeriebene unbehandelte
Zitronenschale
abgeriebene Schale von ½ unbehandelten Orange
¼ ausgekratzte Vanilleschote
50 g Orangensaft (zimmerwarm)
50 g gemahlene geschälte Mandeln
25 g Mehl
85 g Zucker
Pfeffer aus der Mühle

1 Die Butter bei milder Hitze langsam unter Rühren zerlassen, dabei
nur so hoch erhitzen, wie unbedingt
nötig (max. 40 °C). Die Zitronen-
und Orangenschale und die Vanilleschote dazugeben und einige Minuten ziehen lassen. Die Vanilleschote
anschließend wieder entfernen.

2 Die Orangen-Gewürz-Butter mit
dem Orangensaft, den Mandeln,
dem Mehl und dem Zucker mischen
und den Teig zugedeckt im Kühlschrank über Nacht ruhen lassen.

3 Am nächsten Tag den Ofen auf
150 °C vorheizen. Den Teig zu kleinen Kugeln (à etwa 6 g) formen und
diese auf mit Backpapier belegten
Blechen zu dünnen Kreisen drücken. Die Kreise mit etwas Pfeffer
bestreuen und im Ofen etwa 10 Minuten goldbraun backen. Vom Blech
lösen und abkühlen lassen. Die
Mandel-Orangen-Hippen bleiben in
einer gut schließenden Dose einige
Tage frisch.

GEWÜRZ-EIERLIKÖR

Zutaten für ca. 4 Flaschen (à 200 ml)

300 g Sahne · Salz
1 Zimtstange
20 grüne Kardamomkapseln
(angedrückt)
1 Vanilleschote
Anissamen · Fenchelsamen
1 Scheibe Ingwer
1 Streifen unbehandelte
Orangenschale
10 Eigelb
200 g Zucker
150 ml Doppelkorn oder Wodka
(mind. 38 Vol.-%)

1 Die Sahne mit 1 Prise Salz, Zimt, Kardamom, ausgekratztem Vanillemark und -schote, je 1 Prise Anis und Fenchel, Ingwer und Orangenschale aufkochen und 10 Minuten ziehen lassen. Die Eigelbe mit dem Zucker schaumig schlagen und die heiße Gewürzsahne hineinrühren.

2 In einem Topf 2 bis 3 cm hoch Wasser einfüllen und aufkochen. Die Schüssel hineinsetzen, sodass sie im aufsteigenden Wasserdampf, jedoch nicht direkt im Wasser steht. Eiersahne darin langsam und unter Rühren mithilfe eines Teigschabers auf 75 bis 78 °C erhitzen.

3 Den Korn oder Wodka hineinrühren und die Masse durch ein Sieb gießen. Den fertigen Eierlikör in sterilisierte Flaschen füllen, gut verschließen und abkühlen lassen. Er hält sich im Kühlschrank etwa 6 Wochen.

MEIN TIPP:

Beim Erhitzen der Eier im Wasserbad arbeitet man idealerweise mit einem Thermometer: Einerseits benötigt man eine möglichst hohe Temperatur, damit die nötige Bindung für den Likör entsteht, andererseits darf die Eiermischung nicht zu heiß werden, damit sie nicht gerinnt. Bei 78 °C liegt die Schwelle zum Gerinnen, obwohl die Masse eher flüssig ist. Sobald der Alkohol dazukommt, wird die Konsistenz sämig-flüssig.

HOLUNDERBLÜTENSIRUP MIT MINZE UND INGWER

Zutaten für ca. 1½ l

10 Holunderblütendolden
2 Stiele Minze
3 Scheiben Ingwer
Schalenstreifen von ½ unbe-
handelten Zitrone
500 g Zucker
Saft von 1 Zitrone
10 g Zitronensäure

1 Die Blütendolden schütteln, um etwaige Verunreinigungen zu entfernen, und die Blüten von den Stielen schneiden. Die Blüten mit den Minzestielen, den Ingwerscheiben und der Zitronenschale in ein Gefäß von etwa 2 l Inhalt geben.

2 In einem Topf 1 l Wasser mit dem Zucker, dem Zitronensaft und der Zitronensäure aufkochen und in das Gefäß über die Blüten gießen. Alles abkühlen lassen.

3 Den Sirup mit einem Blatt Backpapier direkt bedecken und 2 bis 3 Tage ziehen lassen. Dann den Sirup durch ein Sieb gießen und bis zum Rand in sterilisierte Flaschen füllen. Die Flaschen gut verschließen und bei kühler Zimmertemperatur (z.B. Speisekammer) aufbewahren. Der Holunderblütensirup hält sich etwa 1 Jahr.

MEIN TIPP:

Holunderblütensirup eignet sich zum Verfeinern von Mineralwasser und Prosecco sowie für Fruchtsalate, Joghurt, Buttermilch und andere Milchprodukte.
Wichtig ist, dass Sie mit absolut sauberen Utensilien arbeiten. Verunreinigungen beeinträchtigen immer die Haltbarkeit. Daher sollten Sie die Flaschen und Gläser am besten sterilisieren, indem Sie sie kurz in kochendes Wasser tauchen.

BRATAPFELMUS

Zutaten für 8–9 Gläser (à 200 ml)

100 ml Rum
100 g Rosinen
10 Äpfel (z. B. Elstar)
200 g Marzipanrohmasse
150 g Aprikosenkonfitüre
5 cl Orangenlikör
(z. B. Grand Marnier)
1 EL Zitronensaft
150 ml Apfelsaft
Butter und Zimtzucker für die Form

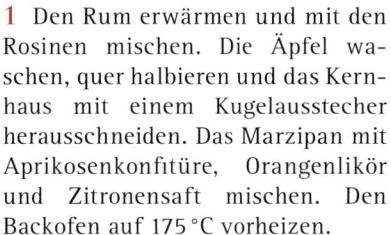

1 Den Rum erwärmen und mit den Rosinen mischen. Die Äpfel waschen, quer halbieren und das Kernhaus mit einem Kugelausstecher herausschneiden. Das Marzipan mit Aprikosenkonfitüre, Orangenlikör und Zitronensaft mischen. Den Backofen auf 175 °C vorheizen.

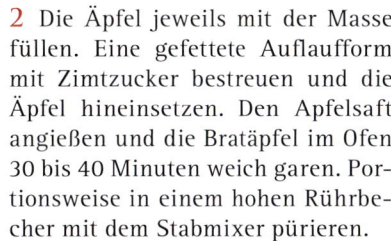

2 Die Äpfel jeweils mit der Masse füllen. Eine gefettete Auflaufform mit Zimtzucker bestreuen und die Äpfel hineinsetzen. Den Apfelsaft angießen und die Bratäpfel im Ofen 30 bis 40 Minuten weich garen. Portionsweise in einem hohen Rührbecher mit dem Stabmixer pürieren.

3 Den Backofen auf 200 °C schalten. Auf die unterste Schiene ein tiefes Blech schieben, etwa 2 cm hoch Wasser einfüllen, zwei Lagen Küchenpapier einlegen. Rumrosinen zum Mus geben, alles bis zum Rand in Gläser füllen und diese gut verschließen. So auf das vorbereitete Blech stellen, dass sich die Gläser nicht berühren, und im Wasserbad 20 Minuten einkochen. Die Ofentür öffnen und die Gläser abkühlen lassen. Bei kühler Zimmertemperatur (z. B. Speisekammer) hält sich das Apfelmus etwa 6 Monate.

Vorspeisen & kleine Gerichte

BROTZEIT MIT FLEISCHPFLANZERLN, EIER- UND WURSTSALAT

Zutaten für 4 Personen
Für die Fleischpflanzerl:
80 g Toastbrot · 100 ml Milch
½ Zwiebel · Öl · 1 Msp. geriebener
Ingwer · 2 Eier · 2 TL scharfer Senf
Salz · Pfeffer aus der Mühle
frisch geriebene Muskatnuss
abgeriebene Schale von ½ unbehan-
delten Zitrone · je 250 g Kalbs- und
Schweinehackfleisch · getrockneter
Majoran · 1 EL Petersilienblätter
(frisch geschnitten)
100 g Weißbrotbrösel
kleinblättriges Basilikum

Für den Eiersalat:
4 Eier · 150 g Schmand
3 EL Gemüsebrühe (siehe S. 11)
½–1 TL mittelscharfer Senf
1–2 EL gemischte Gartenkräuter
(z. B. Dill, Kerbel, Gartenkresse)
1 EL warme braune Butter (siehe
S. 13) · etwas Zitronensaft
1 Msp. abgeriebene unbehandelte
Zitronenschale · mildes Chilisalz
Pfeffer aus der Mühle · Zucker
1 Handvoll gemischte Salatblätter
(geputzt; gewaschen)
1 EL Olivenöl · Dillspitzen

Für den Wurstsalat:
2 kleine rote Zwiebeln · Salz
200 g Stangensellerie
6 Regensburger Würste (ca. 600 g)
2 kleine Äpfel (z. B. Elstar)
1 EL Schnittlauchröllchen
80 ml Gemüsebrühe · 2–3 EL Weiß-
weinessig · 4–5 EL Öl
Pfeffer aus der Mühle · Zucker

1 Für die Fleischpflanzerl das Toastbrot entrinden, in Würfel schneiden und in einer Schüssel in der Milch einweichen. Die Zwiebel schälen und in sehr feine Würfel schneiden. In einer Pfanne 1 EL Öl erhitzen und die Zwiebelwürfel darin bei milder Hitze andünsten. Anschließend den Ingwer hinzufügen.

2 Die Eier mit dem Senf, etwas Salz und Pfeffer, 1 Prise Muskatnuss und der Zitronenschale verquirlen. Beide Hackfleischsorten mit dem eingeweichten Brot, den verquirlten Eiern, den Zwiebelwürfeln, 1 Prise Majoran und der Petersilie mischen. Aus der Hackfleischmasse mit angefeuchteten Händen kleine Fleischpflanzerl formen und in den Weißbrotbröseln wenden. In einer Pfanne 2 bis 3 EL Öl erhitzen und die Pflanzerl darin bei mittlerer Hitze auf beiden Seiten goldbraun braten. Herausnehmen und auf Küchenpapier abtropfen lassen. Die Kalbfleischpflanzerl mit Basilikum garniert anrichten.

3 Für den Eiersalat die Eier in kochendem Wasser etwa 10 Minuten hart kochen, kalt abschrecken, pellen und längs vierteln. Den Schmand mit der Brühe und dem Senf verrühren. Die Kräuter waschen, trocken schütteln und grob schneiden. Zur Schmandmasse hinzufügen und alles mit brauner Butter, 1 Spritzer Zitronensaft, Zitronenschale, Chilisalz, Pfeffer und 1 Prise Zucker abschmecken.

4 Die Salatblätter mit 1 TL Zitronensaft, dem Chilisalz und dem Öl marinieren. Den Kräuterschmand mit den Eiervierteln auf einer Platte oder in einer Schüssel anrichten und mit den marinierten Salatblättern und den Dillspitzen garnieren.

5 Für den Wurstsalat die Zwiebeln schälen, in grobe Stücke schneiden und in eine Schüssel füllen. Mit etwas Salz bestreuen und einige Minuten ziehen lassen. Den Sellerie waschen, putzen und schräg in 2 bis 3 cm große Stücke schneiden. Die Selleriestücke in einem Topf in kochendem Salzwasser bissfest blanchieren, anschließend kalt abschrecken und auf einem Sieb abtropfen lassen.

6 Die Regensburger längs achteln und die entstandenen Spalten halbieren. Die Äpfel waschen, vierteln, entkernen und in grobe Stücke schneiden. Den Sellerie, die Regensburger und die Äpfel zu den Zwiebeln dazugeben, den Schnittlauch hinzufügen und alles mischen.

7 Die Brühe, den Essig und das Öl hinzufügen und den Salat mit Salz, Pfeffer und 1 Prise Zucker würzen. Einige Zeit ziehen lassen und gegebenenfalls nochmals nachwürzen. Den Salat in einer Schüssel anrichten und nach Belieben mit Schnittlauchblüten garnieren.

KRÄUTERAUFSTRICH UND BIRNEN-OBATZDA MIT CROÛTONS

Zutaten für 4 Personen

Für den Kräuteraufstrich:

200 g Frischkäse
2 EL bayerisches Pesto (siehe S. 17)
mildes Chilisalz

Für den Birnen-Obatzdn:

2 Scheiben Toastbrot
3 EL Butter
2 EL Öl
½ reife, aber feste Birne
5 Frühlingszwiebeln
250 g reifer Camembert
(Zimmertemperatur)
250 g Frischkäse
3–4 EL Sahne
2 cl Birnenbrand (z. B. Williams)
Salz
mildes Chilipulver
gemahlener Kümmel
braune Butter (siehe S. 13)

1 Für den Kräuteraufstrich den Frischkäse mit dem bayerischen Pesto glatt rühren und mit etwas Chilisalz würzen.

2 Für den Obatzdn zuerst die Croûtons zubereiten. Das Toastbrot entrinden. Die Brotscheiben in möglichst kleine Würfel schneiden. Die Butter und das Öl in einer Pfanne erhitzen und die Brotwürfel darin bei mittlerer Hitze hell bräunen. Auf Küchenpapier abtropfen lassen.

3 Die Birne schälen, vierteln und entkernen. Die Viertel in sehr kleine Würfel schneiden. Die Frühlingszwiebeln putzen, waschen und in feine Ringe schneiden.

4 Den zimmerwarmen Camembert klein schneiden und in einer Schüssel mit dem Frischkäse, der Sahne und dem Birnenbrand cremig rühren. Die Birnenwürfel und die Frühlingszwiebelringe unterheben. Den Obatzdn mit Salz, je 1 Prise Chilipulver und Kümmel sowie etwas brauner Butter abschmecken.

5 Den Birnen-Obatzdn in eine Schüssel füllen und mit den Croûtons bestreuen. Die beiden Aufstriche separat oder gemeinsam anrichten und nach Belieben mit Radieschen, Brot, Brezen oder Vollkornbrötchen servieren.

MEIN TIPP:

Am besten gelingt der Obatzde, wenn man einen großen Camembert à 250 g verwendet. Mini-Camemberts sind für dieses Rezept weniger empfehlenswert, weil sie insgesamt mehr Rinde haben. Alternativ können Sie jedoch sehr gut Brie oder ähnlichen Weichkäse verwenden. Der Kräuteraufstrich hält sich zugedeckt mehrere Tage im Kühlschrank. Nach Belieben können Sie ihn mit klein geschnittenen Champignons variieren, die nach dem Braten in etwas brauner Butter jedoch unbedingt auskühlen müssen, bevor sie in den Frischkäse gerührt werden. So zerläuft der Frischkäse nicht und bleibt schön cremig.

ESSIGKNÖDEL
MIT KOPFSALAT, EI UND KRÄUTERN

1 Für die Essigknödel die Brötchen in ½ bis 1 cm große Würfel schneiden. Die Milch in einem Topf aufkochen und vom Herd ziehen. Die Eier verrühren, die warme Milch dazugießen und alles mit Salz, Pfeffer und 1 Prise Muskatnuss würzen. Die Eiermilch über die Brötchenwürfel gießen, kurz durchmischen, dabei aber nicht drücken.

2 Die Zwiebelhälfte schälen und in feine Würfel schneiden. Das Öl in einer Pfanne erhitzen und die Zwiebelwürfel darin bei milder Hitze andünsten. Mit Petersilie mischen und zur Knödelmasse hinzufügen.

3 Vier Lagen starke Alufolie jeweils mit Frischhaltefolie belegen. Die Knödelmasse darauf verteilen und zu länglichen Rollen von etwa 3 cm Durchmesser formen. Dabei erst in die Frischhaltefolie und dann in die Alufolie einwickeln. Die Enden der Alufolie etwas andrücken und verdrehen, sodass formschöne Rollen entstehen.

4 In einem großen Topf ausreichend Wasser aufkochen und die Knödelrollen darin etwa 30 Minuten leicht sieden lassen, dann herausnehmen und abkühlen lassen. Die Knödelrollen aus den Folien wickeln und in etwa ½ cm dicke Scheiben schneiden.

5 Für den Salat die Brühe mit dem Senf, dem Essig, etwas Salz, Pfeffer sowie je 1 Prise Chilisalz und Zucker zu einem Dressing verrühren. Das Öl untermixen. Falls nötig, nochmals mit etwas Salz abschmecken.

6 Die Radieschen putzen, waschen und in Scheiben hobeln. Die Zwiebel schälen und in dünne Ringe schneiden. Die Zwiebelringe und die Radieschenscheiben mit der Hälfte des Dressings mischen und unter die Knödelscheiben heben.

7 Die Eier hart kochen, kalt abschrecken, schälen und jeweils vierteln. Den Kopfsalat putzen, waschen und trocken schleudern. Die Blätter in kleinere Stücke zupfen und mit Petersilie, Dill und Minze sowie dem übrigen Dressing mischen. Den Salat auf Teller verteilen, die Essigknödel darauf anrichten und mit den Eierspalten garnieren.

Zutaten für 4 Personen

Für die Essigknödel:

250 g Brötchen (vom Vortag)
¼ l Milch
2 Eier
Salz · Pfeffer aus der Mühle
frisch geriebene Muskatnuss
½ Zwiebel
1 EL Öl
1 EL Petersilienblätter
(frisch geschnitten)

Für den Kopfsalat:

200 ml Gemüsebrühe (siehe S. 11)
2 TL scharfer Senf
3 EL Rotweinessig
Salz · Pfeffer aus der Mühle
mildes Chilisalz
Zucker
4 EL mildes Salatöl
4–6 Radieschen
1 kleine rote Zwiebel
4 Eier
1 kleiner Kopfsalat
1 EL Petersilienblätter
(frisch geschnitten)
½ TL Dillspitzen
(frisch geschnitten)
5 Minzeblätter (frisch geschnitten)

MEIN TIPP:

Die Knödelrollen lassen sich gut vorbereiten. Fertig eingerollt, kann man sie bei Bedarf frisch kochen oder bereits vorgekocht nur noch in Scheiben schneiden und in etwas Butter anbraten.

PERLHUHNTERRINE MIT ZWEIERLEI KARTOFFELN

Zutaten für 1 Terrinen- oder Kastenform (ca. 1 ½ l)

Für die Kartoffelmousse:
250 g vorwiegend festkochende
Kartoffeln · Salz
½ EL ganzer Kümmel
2 EL feine Zwiebelwürfel
100 ml Hühnerbrühe
1 EL milder Weißweinessig
½ – 1 TL Dijon-Senf
mildes Chilipulver · Zucker
1 EL mildes Salatöl
5 Blatt Gelatine · 150 g Sahne

Für das Perlhuhn:
4 Perlhuhnbrüste
(à ca. 120 g; ohne Haut)
1 EL Öl · Salz
Pfeffer aus der Mühle

Für die Trüffelkartoffeln:
250 g blaue Trüffelkartoffeln
Salz · ganzer Kümmel

Für den Sülzenstand:
450 ml Hühnerbrühe (entfettet)
1 Lorbeerblatt
je ½ TL schwarze Pfefferkörner,
Wacholderbeeren, gelbe Senf-,
Koriander- und Pimentkörner
2 Scheiben Ingwer
1 Knoblauchzehe (in Scheiben)
8 Blatt Gelatine
2 EL Weißweinessig · Zucker
Salz · mildes Chilipulver

Außerdem:
Öl für die Form

1 Die Kartoffeln waschen und in Salzwasser mit dem Kümmel weich garen. Abgießen, kurz ausdampfen lassen, heiß pellen und in dünne Scheiben schneiden. Die Zwiebelwürfel in etwas Wasser einige Minuten weich kochen, bis das Wasser verdampft ist. 75 ml Brühe erhitzen, mit Essig und Senf verrühren und mit Salz sowie je 1 Prise Chilipulver und Zucker würzen. Die Marinade unter die Kartoffeln mischen. Öl dazugeben, alles abkühlen lassen und mit dem Stabmixer pürieren.

2 Die Gelatine in kaltem Wasser einweichen. Die restliche Brühe in einem Topf erwärmen, die Gelatine ausdrücken, in der warmen Brühe auflösen und alles unter die Kartoffelmasse rühren. Die Sahne cremig aufschlagen und unter die Kartoffel-Gelatine-Masse ziehen, gegebenenfalls noch etwas nachwürzen.

3 Den Ofen auf 100 °C vorheizen. Von den Perlhuhnbrüsten die Filets auslösen. Die Perlhuhnbrüste im heißen Öl anbraten und auf dem Gitter im Ofen 20 Minuten saftig durchziehen lassen. Mit Salz und Pfeffer würzen, abkühlen lassen. Die Filets im Bratfett auf jeder Seite etwa 1 Minute braten, mit Salz und Pfeffer würzen und abkühlen lassen.

4 Die Trüffelkartoffeln waschen und mit der Schale in Salzwasser mit 1 Prise Kümmel weich garen. Abgießen, kurz ausdampfen lassen, möglichst heiß pellen und in 5 bis 8 mm dicke Scheiben schneiden.

5 Für den Sülzenstand die Brühe mit den Gewürzen aufkochen und knapp unter dem Siedepunkt 15 Minuten ziehen lassen. Die Gelatine in kaltem Wasser einweichen, ausdrücken und in der Brühe auflösen. Mit Essig, Zucker, Salz und 1 Prise Chilipulver abschmecken, durch ein Sieb gießen, abkühlen lassen. Die Form einölen und mit Frischhaltefolie auslegen. Die Hälfte der Kartoffelmousse hineinfüllen, im Kühlschrank 20 Minuten fest werden lassen. Die übrige Kartoffelmousse bei kühler Zimmertemperatur cremig halten. Die Perlhuhnbrüste dicht an dicht in die Terrine legen, die Filets dazwischensetzen. Mit Sülzenstand knapp auffüllen und etwa 30 Minuten in den Kühlschrank stellen, bis die Sülze anzieht. Trüffelkartoffelscheiben dicht an dicht darauf verteilen und ebenfalls mit Sülzenstand auffüllen, bis sie gerade bedeckt sind. Erneut im Kühlschrank etwa 20 Minuten fest werden lassen.

6 Übrige Kartoffelmousse daraufgeben und im Kühlschrank 20 Minuten fest werden lassen. Zuletzt die Terrine mit etwas Sülze bedecken und im Kühlschrank mehrere Stunden kühl stellen. Mithilfe der Folie aus der Form stürzen und in Scheiben geschnitten servieren. Dazu passt ein grüner Salat mit Radieserl, Gurke und Schnittlauch.

OCHSENMAULSALAT
MIT RADIESERLN UND CORNICHONS

Zutaten für 4 Personen

4 Schalotten
150 ml Gemüsebrühe (siehe S. 11)
3 EL milder Weißweinessig
1 TL Dijon-Senf
mildes Chilisalz
1 TL Zucker
6 EL mildes Salatöl
800 g gepökeltes, gekochtes und
gepresstes Ochsenmaul
(beim Metzger vorbestellen)
1 Bund Radieschen
10 Cornichons (kleine Essiggurken)
2 EL Schnittlauchröllchen

1 Für die Marinade die Schalotten schälen und in sehr feine Würfel schneiden. Etwas Wasser in einem Topf erhitzen und die Schalottenwürfel darin etwa 1 Minute kochen. In ein Sieb abgießen, kalt abschrecken und auf einem Sieb abtropfen lassen.

2 Die Brühe mit dem Essig und dem Senf in einen hohen Rührbecher füllen. Mit etwas Chilisalz und dem Zucker würzen und das Öl mit einem Stabmixer hineinrühren. Die Marinade mit den blanchierten Schalottenwürfeln mischen.

3 Das gepresste Ochsenmaul zuerst in hauchdünne Scheiben, dann in 2 bis 3 cm große Blätter schneiden. Die Ochsenmaulscheibchen mit der Marinade mischen und zugedeckt im Kühlschrank einige Stunden durchziehen lassen.

4 Die Radieschen putzen, waschen und in dünne Scheiben hobeln. Die Cornichons abtropfen lassen und in dünne Scheiben schneiden.

5 Den Ochsenmaulsalat mit den Radieschen, den Cornichons und den Schnittlauchröllchen mischen, gegebenenfalls nochmals abschmecken und auf Tellern anrichten.

MEIN TIPP:

Ochsenmaulsalat ist eine Spezialität, die leider ein wenig in Vergessenheit geraten ist. Ochsenmaul ist vorgekocht und hat eine sehr kompakte Konsistenz. Daher sollte es in möglichst dünne Scheiben geschnitten und mit einer kräftigen Marinade versetzt werden. Damit der Salat gut durchzieht, stellt man ihn am besten über Nacht in den Kühlschrank. Gegebenenfalls nochmals mit Essig und Gewürzen abschmecken. Erst kurz vor dem Anrichten kommen Radieschen, Cornichons und Schnittlauch dazu. Anstelle von Ochsenmaul eignet sich weißer Presssack, den man in breitere, 2 bis 3 mm dicke Scheiben schneidet und frisch mariniert.

BERGKÄSE IM KNUSPRIGEN BAUERNBROT MIT KRÄUTERDIP

1 Für den Kräuterdip den Rahmjoghurt in einer Schüssel mit der Milch und dem bayerischen Pesto glatt rühren und mit Chilisalz und 1 kleinen Prise Zucker würzen.

2 Für die Garnitur die Kräuterblätter waschen und trocken tupfen. Zitronensaft, Zitronenschale und Öl zu einem Dressing mischen und mit Salz und Pfeffer würzen. Die Kräuterblätter damit marinieren.

3 Für die Bauernbrote das Brot in 32 hauchdünne Scheiben schneiden und diese dünn mit Butter bestreichen und mit etwas »7-Pfeffer-Mischung« bestreuen. Die Käsestücke jeweils zwischen 2 dünne Brotscheiben legen. Das Öl in einer Pfanne erhitzen und die Käsebrote darin bei mittlerer Hitze auf beiden Seiten rasch bräunen, auf Küchenpapier abtropfen lassen.

4 Jeweils 4 gefüllte Bauernbrote auf vorgewärmte Teller legen, die marinierten Kräuter darum herumverteilen und den Kräuterdip daneben anrichten.

MEIN TIPP:

Die Pfanne sollte heiß sein, wenn das gefüllte Brot hineingelegt wird, damit es rasch bräunt. Der Käse darf zwar weich werden, soll aber nicht zu stark zerlaufen. Sobald das Brot fertig ist, legt man es zum Abtropfen kurz auf Küchenpapier und nimmt es sofort wieder weg. So wird unnötiges Fett entfernt, aber das Brot bleibt nicht am Papier kleben.

Zutaten für 4 Personen
(für 16 Stück)

Für den Kräuterdip:
200 g Rahmjoghurt (10 %)
2–3 EL Milch
1–2 EL bayerisches Pesto
(siehe S. 17)
mildes Chilisalz
Zucker

Für die Kräutergarnitur:
20 g Kräuterblätter (z. B. Petersilie, Sellerieblätter)
1 TL Zitronensaft
1 Msp. abgeriebene unbehandelte Zitronenschale
1 EL mildes Olivenöl
Salz · Pfeffer aus der Mühle

Für die Bauernbrote:
ca. 250 g Bauernbrot
(2 Tage alt; ersatzweise dunkles Baguette)
weiche Butter zum Bestreichen
»7-Pfeffer-Mischung«
(ersatzweise eine Mischung aus je ¼ – ½ TL grob geschrotetem schwarzem Pfeffer, Piment, grünem Pfeffer, Szechuanpfeffer, Rosa Pfefferbeeren, Kubebenpfeffer und ¼ TL milden Chiliflocken)
16 kleine Stücke Allgäuer Bergkäse (ca. 7 – 8 mm dick)
1 EL Öl

LACHSFORELLE AUF GURKENSALAT MIT INGWER UND MOHN

Zutaten für 4 Personen

Für den Gurkensalat:

2 kleine Salatgurken
Salz · Pfeffer aus der Mühle
Zucker
1 EL eingelegte Ingwerscheiben
und 1 EL Ingwereinlegefond
1 TL Weißweinessig
2–3 EL mildes Salatöl
1 EL Dillspitzen (frisch geschnitten)
200 g Schmand
mildes Chilisalz

Für die Lachsforelle:

8 Lachsforellenfilets (à ca. 70 g;
ohne Haut und Gräten)
2–3 EL warme braune Butter
(siehe S. 13)
mildes Chilisalz

Außerdem:
2 TL Mohn
einige Dillspitzen

1 Für den Salat die Gurken waschen und mit einem Gemüsehobel in dünne Scheiben hobeln. Mit etwas Salz bestreuen, gut mischen und einige Minuten ziehen lassen. Mit Pfeffer und 1 Prise Zucker würzen.

2 Den eingelegten Ingwer in Streifen schneiden und zusammen mit dem Einlegefond und dem Essig zu den Gurken hinzufügen. Das Ganze einige Minuten ziehen lassen, die austretende Flüssigkeit von den Gurken abnehmen (eventuell durch ein Sieb drücken) und für den Schmand beiseitestellen. Das Öl und den Dill unter die Gurken heben.

3 Den Schmand in einen hohen Rührbecher füllen, etwa 3 EL Gurkensaft hinzufügen und alles mit dem Stabmixer aufschäumen. Mit dem Chilisalz abschmecken.

4 Für die Lachsforelle den Backofen auf 90 °C vorheizen. Die Lachsforellenfilets waschen und trocken tupfen. Auf ein mit etwas brauner Butter eingefettetes Backblech legen, mit Frischhaltefolie bedecken und im Ofen 15 bis 20 Minuten gar ziehen lassen. Anschließend mit brauner Butter bestreichen und mit Chilisalz würzen.

5 Inzwischen den Mohn in einer Pfanne bei mittlerer Hitze ohne Fett einige Minuten anrösten, bis er zu duften beginnt. Den Mohn aus der Pfanne nehmen.

6 Den Gurkensalat auf vorgewärmten Tellern anrichten, die Lachsforellenfilets danebensetzen und den Schmand außen herumträufeln. Den Mohn darüberstreuen und mit Dillspitzen garnieren.

MEIN TIPP:

Das Rösten lässt den Mohn noch nussiger schmecken. Wichtig ist, ihn unter ständigem Rühren und Beobachten bei milder Hitze zu rösten. Wird er durch das austretende Mohnöl dunkler und fängt an zu duften, ist es Zeit, ihn aus der Pfanne zu nehmen, damit er nicht überhitzt.

KÄSE-BREZEN-AUFLAUF MIT ROTE-BETE-BIRNEN-SALAT

Zutaten für 4 Auflaufförmchen
(à 200 ml)

Für den Auflauf:

150 g milder Weichkäse (z. B. Brie)
150 g weiche Laugenstangen
(vom Vortag)
140 ml Milch
2 Eier
½ kleine Knoblauchzehe
1 TL Thymianblätter
(frisch geschnitten)
½ TL abgeriebene unbehandelte
Zitronenschale
Salz · Pfeffer aus der Mühle
mildes Chilipulver
frisch geriebene Muskatnuss
½ Zwiebel
80 ml Gemüsebrühe (siehe S. 11)
1 EL Petersilienblätter
(frisch geschnitten)
1 TL Speisestärke

Für den Rote-Bete-Birnen-Salat:

400 g eingelegte Rote-Bete-Spalten
(siehe S. 23)
1 EL mildes Salatöl
1 reife, aber feste Birne
1–2 TL Puderzucker
1 EL Butter

Außerdem:

weiche Butter für die Förmchen

1 Für den Auflauf den Backofen auf 210 °C vorheizen. Auf die mittlere Schiene ein tiefes Backblech schieben, etwa 1½ cm hoch Wasser einfüllen und zwei Blätter Küchenpapier hineinlegen. Die Förmchen gleichmäßig bis zum Rand mit weicher Butter einstreichen.

2 Den Käse in ½ bis 1 cm große Würfel schneiden. Von den Brezenstangen das Salz entfernen und die Stangen in 2 cm große Würfel schneiden. Die Milch aufkochen, vom Herd nehmen und die Hälfte des Käses mit dem Stabmixer unterrühren. Die Eier trennen und die Eigelbe ebenfalls unter die Milch rühren. Den Knoblauch schälen und dazureiben, Thymian und Zitronenschale hinzufügen und alles mit Salz, Pfeffer sowie je 1 Prise Chilipulver und Muskatnuss würzen. Die Eiermilch vorsichtig mit den Brezenwürfeln mischen (ohne zu drücken) und die Masse etwa 10 Minuten ziehen lassen.

3 Die Zwiebelhälfte schälen und in feine Würfel schneiden. Die Brühe in einer Pfanne erhitzen und die Zwiebeln darin einige Minuten weich garen, bis die Flüssigkeit verkocht ist. Die Zwiebeln und die Petersilie zur Brezenmasse hinzufügen.

4 Die Eiweiße mit 1 Prise Salz und der Speisestärke zu cremigem Schnee schlagen und mit den übrigen Käsewürfeln unter die Brezenmasse heben. Die Förmchen mit der Masse füllen, in das vorbereitete Wasserbad im Ofen stellen und darin etwa 25 Minuten garen. In den ersten 15 bis 20 Minuten die Ofentüre möglichst nicht öffnen, sonst gehen die Aufläufe nicht gleichmäßig auf.

5 Inzwischen für den Salat die Rote-Bete-Spalten kurz auf einem Sieb abtropfen lassen und mit dem Öl mischen. Die Birne waschen, vierteln, entkernen und die Viertel in Spalten schneiden.

6 Den Puderzucker in einer Pfanne bei milder Hitze hell karamellisieren. Die Birnenspalten darin auf beiden Seiten etwas anbraten, die Butter hinzufügen und die Birnen darin wenden.

7 Den Rote-Bete-Salat auf vorgewärmte Teller verteilen und die Birnenspalten dazwischenlegen. Die Förmchen aus dem Wasserbad nehmen, die Auflaufportionen mit einem spitzen Messer vom Rand lösen und neben den Salat stürzen, sofort servieren. Nach Belieben mit frischen Kräutern garnieren, dazu passt ein fruchtiger Zitronendip mit Joghurt oder Crème fraîche.

ABG'SCHMOLZENE MAULTASCHEN MIT STEINPILZ-SPINAT-FÜLLUNG

Zutaten für 4 Personen
(für 16–18 Maultaschen)

Für den Nudelteig:

210 g Mehl
90 g Hartweizengrieß
3 kleine Eier
2–3 EL mildes Olivenöl
etwas Salz

Für die Steinpilz-Spinat-Füllung:

500 g Steinpilze (ersatzweise
Champignons oder Egerlinge)
1 TL Öl
gemahlener Kümmel
½ TL abgeriebene unbehandelte
Zitronenschale
1 EL Petersilienblätter
(frisch geschnitten)
1 Liebstöckelblatt
(frisch geschnitten)
250 g Babyspinat
Salz
Pfeffer aus der Mühle

Außerdem:

2 Eier
1 Zwiebel
5 EL braune Butter (siehe S. 13)
Salz
Mehl für die Arbeitsfläche und
zum Ausrollen
Hartweizengrieß zum Bestreuen

1 Für den Nudelteig alle Zutaten mithilfe einer Küchenmaschine zu einem festen, glatten Teig verkneten. Den fertigen Teig in Frischhaltefolie wickeln und im Kühlschrank etwa 30 Minuten ruhen lassen.

2 Für die Füllung die Steinpilze putzen, falls nötig, trocken abreiben und klein hacken. Das Öl in einer Pfanne erhitzen und die Pilze darin bei mittlerer Hitze einige Minuten anbraten. Mit 1 Prise Kümmel, der Zitronenschale, der Petersilie und dem Liebstöckel würzen.

3 Den Spinat verlesen, gründlich waschen und abtropfen lassen. Etwas Salzwasser in einem Topf erhitzen und den Spinat darin bissfest kochen. In ein Sieb abgießen, kalt abschrecken und abtropfen lassen. Das übrige Wasser gut aus den Blättern drücken, den Spinat klein hacken und mit den Pilzen mischen. Die Steinpilz-Spinat-Füllung mit Salz und Pfeffer würzen.

4 Den Teig auf einer bemehlten Arbeitsfläche mit dem Nudelholz in nicht zu dünne, etwa 12 cm breite Bahnen ausrollen, dabei mit etwas Mehl bestäuben und jede Bahn zwischendurch mit Frischhaltefolie bedecken, damit sie geschmeidig bleibt.

5 Jede Teigbahn mit den verquirlten Eiern bestreichen. Die Füllung knapp 1 cm hoch auf jeder Teigbahn verteilen, dabei an einer Längsseite etwa 2 ½ cm frei lassen. Die Nudelbahn von der Längsseite her aufrollen und das Teigende einschlagen, sodass die Teignaht unten liegt. Mit einem Kochlöffelstiel im Abstand von etwa 3 cm Maultaschen abdrücken, sodass dazwischen jeweils etwa 1 cm Teig frei bleibt. Die Teigstreifen in der Mitte durchschneiden und die Teigenden der so entstandenen Maultaschen etwas andrücken. Bis zum Kochen auf mit Grieß bestreute Tabletts legen (siehe S. 73).

6 Die Zwiebel schälen und in feine Würfel schneiden. In einer Pfanne 1 EL braune Butter erhitzen und die Zwiebeln darin bei milder Hitze goldbraun anbraten. Die Pfanne vom Herd nehmen, die übrige braune Butter hineingeben und leicht salzen.

7 Die Maultaschen in leicht siedendem Salzwasser oder in Brühe 5 bis 8 Minuten gar ziehen lassen. Mit dem Schaumlöffel herausnehmen, in der Pfanne in der Zwiebelbutter wenden und auf vorgewärmten Tellern anrichten. Dazu passt marinierter Blattsalat.

Saibling mit Joghurtpesto und knusprigem Spargel

1 Für das Joghurtpesto das Pesto mit dem Joghurt verrühren und mit Zitronensaft und -schale sowie Chilisalz würzen.

2 Den Spargel schälen und die holzigen Enden entfernen. In einem breiten Topf ausreichend Wasser aufkochen und mit Salz und Zucker kräftig würzen. Die Spargelstangen darin je nach Dicke etwa 8 Minuten gerade weich kochen.

3 Für die Marinade die Brühe mit dem Zitronensaft und dem Olivenöl verrühren und mit Salz, 1 Prise Chilipulver und Zucker würzen. Die gegarten Spargelstangen in die Marinade hineinlegen und darin mehrere Stunden ziehen lassen. Anschließend aus dem Sud heben und auf Küchenpapier abtropfen lassen.

4 Für den Saibling den Backofen auf 80 °C vorheizen. Die Saiblingsfilets waschen und trocken tupfen. Auf ein mit brauner Butter eingefettetes Backblech legen, mit Frischhaltefolie bedecken und im Ofen etwa 10 Minuten gar ziehen lassen. Anschließend mit brauner Butter bestreichen und mit Chilisalz würzen.

5 Inzwischen je 3 Brotscheiben leicht überlappend aufeinanderlegen und je 3 Spargelstangen vom Ende her vorsichtig darin einrollen, sodass etwa die Hälfte des Spargels von dem Brot bedeckt ist. Eine Pfanne erhitzen, das Öl hineingießen und die Spargelpäckchen darin auf der Nahtseite bei mittlerer Hitze goldbraun anbraten. Rundum fertig braten und auf Küchenpapier abtropfen lassen, mit Chilisalz würzen.

6 Die knusprigen Spargelpäckchen auf vorgewärmte Teller verteilen, das Joghurtpesto daraufträufeln und die Saiblingsfilets darauf anrichten. Mit kleinen Salat- und Kräuterblättern garnieren.

Zutaten für 4 Personen

Für das Joghurtpesto:
80 g bayerisches Pesto (siehe S. 17)
1 EL Rahmjoghurt
einige Tropfen Zitronensaft
1 Msp. abgeriebene unbehandelte Zitronenschale
mildes Chilisalz

Für den Spargel:
12 Stangen weißer Spargel
Salz · Zucker
300 ml Gemüsebrühe (siehe S. 11)
2–3 EL Zitronensaft
1 EL mildes Olivenöl
mildes Chilipulver
12 Scheiben Mini-Kastenbrot (hauchdünn geschnitten)
3 EL Öl · mildes Chilisalz

Für den Saibling:
8 Saiblingsfilets (à ca. 50 g; ohne Haut und Gräten)
3 EL braune Butter (siehe S. 13)
mildes Chilisalz

Außerdem:
frische kleine Salat- und Kräuterblätter

Mein Tipp:

Frischen Spargel erkennen Sie daran, dass er quietscht, wenn man die Stangen aneinanderreibt. Soll er ein paar Tage frisch bleiben, wird er in feuchtes Küchentuch oder -papier und anschließend in Folie gewickelt, bevor er in den Kühlschrank kommt. Achten Sie beim Schälen darauf, immer wieder über die Schnittkante zu schälen, um Schalenreste an der Spargelstange zu vermeiden.

GEBEIZTE KRÄUTERFORELLE MIT BUTTERMILCH-CHILI-DIP

Zutaten für 4 Personen
Für die Forellenfilets:
je 30–40 g Petersilie und Dill
(Blätter und feine Stiele)
je 1–2 EL schwarze Pfeffer- und
Korianderkörner · 1 EL Fenchelsamen · 1 kleines Lorbeerblatt
1 EL unbehandelte Zitronenschale
(in feinen Streifen)
1 EL Ingwer (in feinen Streifen)
65 g feines Salz · 65 g Puderzucker
2 cl Gin · 4 große Seeforellen-
filets (à 180–200 g; ohne Haut und
Gräten)

Für den Radieserl-Kopfsalat:
1 kleiner Kopfsalat · ½ Bund
Radieschen · 70 ml Gemüsebrühe
(siehe S. 11) · 1 TL Senf
2 EL Zitronensaft · 1 Msp. abgeriebene unbehandelte Zitronenschale
Salz · Pfeffer aus der Mühle
Zucker · 3–4 EL mildes Olivenöl

Für die Reiberdatschi:
500 g mehligkochende Kartoffeln
Salz · Pfeffer aus der Mühle
frisch geriebene Muskatnuss
getrockneter Thymian · 2–3 EL Öl

Für den Buttermilch-Chili-Dip:
150 g Schmand · 5 EL Buttermilch
mildes Chilisalz · 1 Spritzer Zitronensaft · 1 Msp. abgeriebene unbehandelte Zitronenschale · Zucker

Außerdem:
kleine essbare Blütenblätter

1 Für die Forellenfilets die Petersilie und den Dill waschen, trocken schütteln und grob schneiden. Die Pfeffer- und Korianderkörner, die Fenchelsamen und das Lorbeerblatt im Mörser grob zerkleinern. Petersilie, Dill, Pfeffermischung, Zitronen- und Ingwerstreifen, Salz, Puderzucker und Gin zu einer Beize mischen.

2 Die Hälfte der Beize in eine Auflaufform füllen. Die Forellenfilets waschen und trocken tupfen, nebeneinander auf die Beize legen und die restliche Beize gleichmäßig darüber verteilen. Mit Frischhaltefolie bedecken und im Kühlschrank 4 bis 5 Stunden durchziehen lassen.

3 Die Beize anschließend entfernen, die Filets kalt abwaschen und trocken tupfen. Je 2 Filets mit der flachen Seite aneinanderlegen, dabei immer ein dickes auf ein dünnes Ende legen. Die überstehenden Enden gegebenenfalls abschneiden und jedes Doppelfilet in Frischhaltefolie wickeln. (Die Forelle kann so vorbereitet im Kühlschrank noch einige Stunden aufbewahrt werden, bis sie im Ofen gegart wird.)

4 Den Kopfsalat putzen, waschen und trocken schleudern. Die Radieschen putzen, waschen und in Scheiben schneiden oder hobeln. Beides in einer Schüssel mischen. Für das Dressing die Brühe mit Senf, Zitronensaft und -schale verrühren. Mit Salz, Pfeffer und 1 Prise Zucker würzen und das Öl hineinrühren, gegebenenfalls nachwürzen. Das Dressing kurz vor dem Servieren über den Salat gießen und alles vorsichtig mischen.

5 Für die Reiberdatschi die Kartoffeln schälen, waschen und fein reiben. Mit Salz und Pfeffer sowie je 1 Prise Muskatnuss und Thymian würzen. Das Öl in einer Pfanne erhitzen und die Kartoffeln darin portionsweise bei mittlerer Hitze auf beiden Seiten goldbraun backen. Anschließend auf Küchenpapier abtropfen lassen.

6 Den Backofen auf 70 °C vorheizen. Die Forellenfilets in der Folie auf ein Backblech legen und im Ofen etwa 10 Minuten glasig durchziehen lassen (sie werden nur lauwarm, nicht durchgegart). Die Fischfilets aus der Folie wickeln und in 1 cm breite Stücke schneiden.

7 Inzwischen für den Buttermilch-Chili-Dip den Schmand mit der Buttermilch glatt rühren. Mit 1 Prise Chilisalz, Zitronensaft und -schale und 1 Prise Zucker abschmecken.

8 Die Forellenfilets auf Tellern anrichten, den Radieserl-Kopfsalat und die Reiberdatschi dazulegen und den Buttermilch-Chili-Dip darum herumträufeln. Mit essbaren Blüten garnieren.

Karpfen mit Bohnen-Apfel-Salat auf Nussbutter-Sauce

1 Für den Karpfen am Vortag die Milch in einem Topf leicht erwärmen. Lorbeerblatt, Zimtrinde, Vanilleschote, Ingwer, Pfeffer- und Korianderkörner hinzufügen und wieder abkühlen lassen. Mit Salz und 1 Prise Zucker würzen. Die Karpfenfilets waschen und trocken tupfen. Die Filets in eine Auflaufform setzen, die Gewürzmilch darübergießen und alles im Kühlschrank über Nacht ziehen lassen.

2 Am nächsten Tag für die Nussbutter-Sauce die Kartoffel schälen, waschen und in ½ cm große Würfel schneiden (etwa 60 g Würfel). Die Kartoffelwürfel in der Brühe mit Lorbeerblatt und Chilischote knapp unter dem Siedepunkt 15 bis 20 Minuten weich ziehen lassen. Nach 10 Minuten den Knoblauch und den Ingwer hinzufügen.

3 Lorbeerblatt, Chili und Ingwer entfernen und die Kartoffeln mit der Brühe und der Sahne mit dem Stabmixer pürieren. Mit Salz, Zitronenschale und 1 Prise Kümmel abschmecken. Kurz vor dem Servieren den Liebstöckel hinzufügen.

4 Für den Salat die Bohnen putzen, waschen und halbieren. In kräftig gesalzenem Wasser gerade bissfest kochen, in ein Sieb abgießen, kalt abschrecken und auf dem Sieb abtropfen lassen.

5 Die Äpfel waschen, vierteln, das Kerngehäuse entfernen und die Apfelviertel in 3 mm dicke Stifte schneiden. Für die Marinade die Brühe und den Essig mit Salz und Pfeffer sowie 1 Prise Zucker und Öl mischen, über die Bohnen gießen und alles einige Minuten ziehen lassen. Die Apfelstifte vorsichtig unterheben und gegebenenfalls nachwürzen.

6 Für den Karpfen die Filets aus der Gewürzmilch nehmen und trocken tupfen. Die Karpfenfilets längs halbieren und in etwa 3 cm breite Stücke schneiden. Die Karpfenstücke zunächst in Mehl, anschließend in Bier und nochmals in Mehl wenden. Den Vorgang wiederholen.

7 Das Butterschmalz etwa 1 cm hoch in einer Pfanne erhitzen und die panierten Karpfenfilets darin bei mittlerer Hitze auf beiden Seiten goldbraun ausbacken. Anschließend wieder herausnehmen und auf Küchenpapier abtropfen lassen.

8 Die braune Butter in einem Topf leicht erwärmen und mit dem Schneebesen schaumig schlagen. Die Nussbutter-Sauce auf vorgewärmte Teller verteilen, mit einem Löffel den Schaum der braunen Butter abnehmen und daraufsetzen. Die Karpfenfilets auf die Sauce legen, mit dem Feldsalat und den Chilischoten garnieren und den Bohnen-Apfel-Salat danebenrichten.

Zutaten für 4 Personen

Für den Karpfen:
½ l Milch · 1 Lorbeerblatt
1 Splitter Zimtrinde
¼ ausgekratzte Vanilleschote
1 Scheibe Ingwer
je 1 TL schwarze Pfeffer- und
Korianderkörner
Salz · Zucker
2 Karpfenfilets (à ca. 350 g; ohne
Haut und Gräten) · 150 g doppel-
griffiges Mehl · ¼ l Bier
Butterschmalz zum Ausbacken

Für die Nussbutter-Sauce:
1 kleine mehligkochende Kartoffel
(ca. 80 g) · ¼ l Gemüsebrühe
(siehe S. 11) · 1 kleines Lorbeerblatt
½ kleine getrocknete rote Chili-
schote · je 1 Scheibe Knoblauch und
Ingwer · 50 g Sahne · Salz
1 Msp. abgeriebene unbehandelte
Zitronenschale
gemahlener Kümmel
½ TL Liebstöckelblätter
(frisch geschnitten)

Für den Bohnen-Apfel-Salat:
200 g feine grüne Bohnen
Salz · 2 kleine rotschalige Äpfel
50 ml Gemüsebrühe
2 EL Apfelessig
Pfeffer aus der Mühle · Zucker
3–4 EL mildes Salatöl

Außerdem:
100 ml warme braune Butter
(siehe S. 13) · 1 Handvoll Feldsalat
kleine frische rote Chilischoten

GEBRATENE OFENLEBER MIT BIRNE UND BUTTERMILCHDRESSING

Zutaten für 1 Terrinen- oder
Kastenform (ca. ¾ l)

Für die Ofenleber:
½ Zwiebel · 1 EL Öl
250 g Toastbrot (entrindet)
2 Eier
1–2 TL scharfer Senf
*300 g Kalbsleber (geputzt und durch
die feine Scheibe des Fleischwolfs
gedreht, ersatzweise püriert)*
½ – 1 TL Honig
½ – 1 TL getrockneter Majoran
Salz · Pfeffer aus der Mühle
etwas Zimtpulver
frisch geriebene Muskatnuss
*½ – 1 TL abgeriebene unbehandelte
Zitronenschale*
*1 EL Petersilienblätter
(frisch geschnitten)*
Öl für die Form und zum Braten

Für den Kopfsalat:
125 g Buttermilch
2 EL Zitronensaft
*1 Msp. abgeriebene unbehandelte
Zitronenschale*
½ – 1 TL Honig
1 EL Birne (geschält und gerieben)
Salz · 150 g Kopfsalat
100 g gemischte Salatblätter
*je 1 EL Minze-, Kerbelblätter und
Dillspitzen (frisch geschnitten)*

Außerdem:
1 rotschalige Birne · 1 EL Butter
2 hart gekochte Eier
½ Bund Radieschen

1 Für die Ofenleber den Backofen auf 180 °C vorheizen. Die Zwiebel schälen und in feine Würfel schneiden. Das Öl in einer Pfanne erhitzen und die Zwiebel darin bei milder Hitze andünsten. Das Toastbrot in ½ bis 1 cm große Würfel schneiden.

2 Die Eier mit dem Senf und der Kalbsleber verrühren. Mit den Brot- und Zwiebelwürfeln mischen, mit Honig, Majoran, Salz, Pfeffer, Zimtpulver, 1 Prise Muskatnuss und Zitronenschale würzen und die Petersilie dazugeben. Alles gut untermengen.

3 Die Form mit Öl einfetten und mit Backpapier auslegen. Dabei das Papier auf einer Seite etwas überhängen lassen. Die Lebermasse hineinfüllen und mit der flachen Hand etwas zusammendrücken, sodass sie kompakter wird. Die Masse mit dem überhängenden Backpapier zudecken und alles im Ofen etwa 40 Minuten garen.

4 Für den Kopfsalat Buttermilch, Zitronensaft und -schale, Honig und geriebene Birne verrühren und mit Salz abschmecken. Den Kopfsalat und die Salatblätter putzen, waschen und trocken schleudern, gegebenenfalls in kleinere Stücke zupfen. Mit den Kräutern mischen.

5 Die Birne waschen, trocken tupfen, in Spalten schneiden und entkernen. In einer Pfanne in der Butter bei mittlerer Hitze auf beiden Seiten anbraten. Die hart gekochten Eier pellen und in Achtel schneiden. Die Radieschen putzen, waschen und in dünne Scheiben hobeln.

6 Die Ofenleber in der Form lauwarm abkühlen lassen, dann auf eine Platte stürzen. Für jede Person eine etwa 1 cm dicke Scheibe abschneiden. (Die Ofenleber ist in Frischhaltefolie gewickelt im Kühlschrank 2 bis 3 Tage haltbar.) Die Scheiben in einer Pfanne in Öl auf beiden Seiten goldbraun braten, auf Küchenpapier abtropfen lassen.

7 Den Kopfsalat mit dem Buttermilchdressing marinieren und auf Teller verteilen. Die gebratenen Ofenleberscheiben dazulegen und jeweils mit Eiern, Radieserln und Birnenspalten garnieren.

MEIN TIPP:

Die rohe Lebermasse lässt sich auch als Fleischpflanzerl in einer Pfanne fertig braten. Oder Sie streichen die Masse einfach zwischen zwei hauchdünn geschnittene Brotscheiben und braten die Brote in einer Pfanne in Öl auf beiden Seiten knusprig.

WEISSWURST-KRÄUTER-STRUDEL AUF SCHWAMMERLSALAT

Zutaten für 4 Personen

Für den Weißwurst-Kräuter-Strudel:

1 Bund Petersilie (ca. 25 g Blätter)
30 g Babyspinat
1 Handvoll Kerbelblätter
Salz
300 g Weißwurstbrät (vom Metzger)
40 g Sahne
1 TL abgeriebene unbehandelte
Zitronenschale
frisch geriebene Muskatnuss
8 Strudelteigblätter (à 15 x 25 cm;
aus dem Kühlregal)
50 g flüssige Butter
2–3 EL Öl

Für den Schwammerlsalat:

200 g gemischte Pilze (z. B. Pfifferlinge, Egerlinge, Steinpilze)
2–3 EL braune Butter (siehe S. 13)
1 EL Petersilienblätter
(frisch geschnitten)
Salz · Pfeffer aus der Mühle
gemahlener Kümmel
1 Msp. abgeriebene unbehandelte
Zitronenschale
12 Babykarotten mit Grün · Frühlingszwiebeln · 2 Schalotten
70 ml Gemüsebrühe (siehe S. 11)
1–2 EL Weißweinessig · Zucker
4–5 EL mildes Salatöl
1 TL Liebstöckelblätter
(frisch geschnitten)

Außerdem:

2 Brezenstangen
1–2 EL braune Butter
kleine Salatblätter

1 Für die Strudel die Petersilie waschen, trocken schleudern und die Blätter von den Stielen zupfen. Den Spinat verlesen, gründlich waschen und abtropfen lassen, den Kerbel waschen. Die Petersilien-, Spinat- und Kerbelblätter in Salzwasser 1 bis 2 Minuten blanchieren, in ein Sieb abgießen, kalt abschrecken und auf dem Sieb abtropfen lassen. Das Wasser gut herausdrücken, die Kräuter klein schneiden.

2 Die Hälfte des Weißwurstbräts in einen hohen Rührbecher füllen, Kräuter, Sahne und Zitronenschale hinzufügen und alles mit dem Stabmixer pürieren. Die Kräuterfarce mit dem restlichen Weißwurstbrät verrühren und mit 1 Prise Muskatnuss würzen.

3 Vier Strudelblätter mit flüssiger Butter bestreichen, die anderen 4 Blätter darauflegen. Die Teigmitte mit dem Brät etwa 6 x 12 cm breit und 1 cm hoch bestreichen. Die Teigenden darüber zusammenlegen und vorsichtig aufeinanderdrücken.

4 Den Backofen auf 120 °C vorheizen. Die Strudelpäckchen in einer Pfanne zunächst auf der Nahtseite, dann rundum bei milder Hitze im Öl hell bräunen. Anschließend auf ein mit Backpapier belegtes Backblech legen und im Ofen 5 bis 10 Minuten saftig durchziehen lassen.

5 Für den Schwammerlsalat die Pilze sorgfältig putzen, falls nötig, trocken abreiben und etwas zerkleinern. In einer Pfanne in 1 bis 2 EL brauner Butter bei mittlerer Hitze 1 bis 2 Minuten anbraten. Mit Petersilie, Salz, Pfeffer, 1 Prise Kümmel und Zitronenschale würzen.

6 Von den Babykarotten das Grün bis auf 1 bis 2 cm abschneiden, die Karotten schälen. Frühlingszwiebeln putzen, waschen und in 3 cm große Stücke schneiden. Beides nacheinander in Salzwasser bissfest kochen, in ein Sieb abgießen, kalt abschrecken und abtropfen lassen.

7 Für die Marinade die Schalotten schälen und in feine Würfel schneiden. In Salzwasser 2 Minuten kochen, in ein Sieb abgießen, kalt abschrecken und auf dem Sieb abtropfen lassen. Die Brühe mit Schalotten, Essig, Salz, Pfeffer und 1 Prise Zucker würzen. Das Öl und die Liebstöckelblätter hinzufügen und die angebratenen Schwammerl darin marinieren. Die Karotten und Frühlingszwiebeln in einer Pfanne mit der übrigen braunen Butter erhitzen, mit Salz und Pfeffer würzen.

8 Von den Brezenstangen das Salz entfernen, in ½ bis 1 cm dicke Stücke schneiden und in einer Pfanne mit brauner Butter knusprig braten. Den Salat mit wenig Marinade auf vorgewärmte Teller verteilen, die Strudel in Stücke schneiden und darauf anrichten. Mit den Karotten, Frühlingszwiebeln und Salatblättern garnieren.

TELLERSÜLZE VOM SURHAXERL
MIT SCHNITTLAUCH-LAVENDEL-RAHM

Zutaten für 4 Personen
Für die Tellersülze:

3 l Hühnerbrühe · 8 EL Weißweinessig · 1 Zwiebel · 1 Lorbeerblatt
1 Gewürznelke · Zucker
1 gepökelte rohe Hinterhaxe vom
Schwein (ca. 1 ½ kg)
1 kleine Karotte
100 g Knollensellerie
½ TL schwarze Pfefferkörner
2 Pimentkörner · 3 Wacholderbeeren
10 Blatt Gelatine
2 EL Weißweinessig
Pfeffer aus der Mühle
frisch geriebene Muskatnuss
1 hart gekochtes Ei · 1 Essiggurke

Für die Bratkartoffeln:

500 g festkochende Mini-Kartoffeln
(z. B. Nicola oder Sieglinde)
Salz · 1 TL ganzer Kümmel
1–2 EL Öl · gemahlener Kümmel
½–1 TL getrockneter Majoran
Pfeffer aus der Mühle
1 EL Petersilienblätter
(frisch geschnitten)

*Für den Schnittlauch-
Lavendel-Rahmdip:*

je 1 TL Anis- und Fenchelsamen
1 TL Korianderkörner
200 g saure Sahne · 2–3 EL Sahne
2 TL scharfer Senf · 1 EL Zitronensaft · je 1 Msp. abgeriebene unbehandelte Zitronen- und Orangenschale · ½–1 TL Lavendelblüten
mildes Chilisalz · Zucker
1 EL Schnittlauchröllchen

1 Die Brühe mit dem Essig in einen großen Topf gießen. Die Zwiebel schälen und halbieren. Das Lorbeerblatt mit der Gewürznelke auf einer Zwiebelhälfte feststecken und die gespickte Zwiebel in den Sud legen, 1 TL Zucker hinzufügen und alles einmal aufkochen.

2 Die Schweinshaxe in den Gewürzsud legen und darin etwa 2 ½ Stunden weich köcheln, bis sich das Fleisch vom Knochen lösen lässt. Karotte und Sellerie putzen und schälen, mit der restlichen Zwiebelhälfte nach 30 Minuten Garzeit in den Sud geben. Nach weiteren 30 Minuten die Pfeffer- und Pimentkörner sowie die Wacholderbeeren dazugeben.

3 Nach dem Kochen die Schwarte und die Knochen entfernen, das magere Fleisch in die natürlichen Segmente zerteilen und in Scheiben schneiden. Den Sud entfetten, durch ein Passiertuch abseihen, das Gemüse klein schneiden und als Einlage aufbewahren. Oben schwimmendes Fett nochmals mit Küchenpapier abnehmen.

4 Für den Sülzenstand die Gelatine in etwas kaltem Wasser einweichen. In einem Topf 1 l Sud erhitzen, die Gelatine leicht ausdrücken und im heißen Sud auflösen. Alles mit Essig, 1 guten Prise Zucker, Pfeffer, Muskatnuss und gegebenenfalls etwas Salz kräftig würzen und bei Zimmertemperatur abkühlen lassen.

5 Das Ei schälen, mit der abgetropften Essiggurke in Scheiben schneiden und mit den Fleisch- und Gemüsestücken in tiefe Teller verteilen. (Die Endstücke vom Ei für die Sauce beiseitelegen.) Jeden Teller mit Sülzenstand auffüllen und im Kühlschrank mehrere Stunden fest werden lassen.

6 Die Kartoffeln waschen und in Salzwasser mit dem Kümmel weich garen. Die Kartoffeln abgießen, kurz ausdampfen lassen und halbieren. Das Öl in einer großen Pfanne erhitzen und die Kartoffeln darin bei mittlerer Hitze goldbraun braten. Mit 1 Prise Kümmel, Majoran, Salz und Pfeffer würzen und die Petersilie dazugeben.

7 Für den Dip Anis, Fenchel und Koriander in eine Gewürzmühle füllen. Die saure Sahne mit Sahne, Senf und Zitronensaft, Zitronen- und Orangenschale sowie 1 Prise Lavendelblüten verrühren. Mit Chilisalz würzen, die Gewürze darübermahlen und mit 1 Prise Zucker abschmecken. Die beiseitegelegten Eierstücke klein hacken und mit dem Schnittlauch in den Dip rühren.

8 Die Tellersülzen jeweils mit dem Schnittlauch-Lavendel-Rahm beträufeln und mit den Bratkartoffeln servieren.

ROSTBRATWÜRSTEL
AUF WURZELGEMÜSE IM RIESLINGSUD

1 Die Zwiebel, den Sellerie und die Karotten schälen und jeweils in 6 bis 8 cm lange, feine Streifen schneiden. Den Lauch putzen und waschen, zunächst in 6 bis 8 cm lange Stücke, dann ebenfalls in feine Streifen schneiden.

2 Den Puderzucker in einem Topf bei milder Hitze hell karamellisieren. Die Zwiebel-, Sellerie- und Karottenstreifen hinzufügen und kurz andünsten. Mit dem Wein ablöschen und einköcheln lassen, dann die Brühe dazugießen. Das Lorbeerblatt dazugeben, 1 TL Pfefferkörner, ½ TL Korianderkörner, die Pimentkörner und die Wacholderbeeren in ein Gewürzsäckchen füllen, das Säckchen verschließen und mit dem Knoblauch und dem Ingwer ebenfalls zum Gemüsesud hinzufügen. Das Ganze erhitzen und knapp unter dem Siedepunkt etwa 20 Minuten ziehen lassen. Nach 15 Minuten die Lauchstreifen dazugeben. Das Gewürzsäckchen, das Lorbeerblatt und die Ingwerscheiben wieder entfernen.

3 Die Gemüsestreifen mit dem Schaumlöffel herausnehmen und warm halten. Die restlichen Pfeffer- und Korianderkörner in eine Gewürzmühle füllen und das Gemüse damit würzen.

4 Die Sahne mit dem Sahnemeerrettich und dem Senf zum Sud geben und die kalte Butter mit dem Stabmixer unterrühren. Die Sauce mit Chilisalz und 1 Prise Zucker abschmecken.

5 Das Öl in einer Pfanne erhitzen und die Rostbratwürstchen darin rundum braten. Die Gemüsestreifen in vorgewärmte tiefe Teller verteilen. Die Sauce mit dem Stabmixer nochmals aufschäumen, über das Wurzelgemüse träufeln und die Rostbratwürstel darauf anrichten.

Zutaten für 4 Personen

1 Zwiebel
100 g Knollensellerie
je ½ gelbe und orangefarbene Karotte
50 g Lauch
1 TL Puderzucker
75 ml Riesling
¼ l Hühnerbrühe
1 Lorbeerblatt
2 TL Pfefferkörner
1 TL Korianderkörner
½ TL Pimentkörner
½ TL Wacholderbeeren (angedrückt)
1 Knoblauchzehe (in Scheiben)
2 Scheiben Ingwer
50 g Sahne
1 EL Sahnemeerrettich (siehe S. 18)
1 TL Dijon-Senf (ersatzweise Zwiebelsenf, siehe S. 14)
40 g kalte Butter
mildes Chilisalz
Zucker
1 EL Öl
12 Nürnberger Rostbratwürstchen

MEIN TIPP:

Der Rahmsud lässt sich besonders schön schaumig aufmixen, wenn die Temperatur ein wenig unter dem Siedepunkt liegt.

KROSS GEBRATENE HENDLBRUST AUF BRATKARTOFFEL-SPARGEL-SALAT

Zutaten für 4 Personen

Für den Bratkartoffel-Spargel-Salat:
500 g Mini-Kartoffeln
Salz · ½ TL ganzer Kümmel
250 g weißer Spargel
(dünne Stangen)
250 g grüner Spargel
(dicke Stangen)
1–2 TL Puderzucker
80 ml Gemüsebrühe (siehe S. 11)
2 EL Zitronensaft
1 TL Dijon-Senf
2 EL mildes Salatöl
mildes Chilisalz · Zucker
je 1–2 TL Petersilien- und Kerbelblätter (frisch geschnitten)
1 EL mildes Olivenöl
Pfeffer aus der Mühle
gemahlener Kümmel
1 Msp. abgeriebene unbehandelte
Zitronenschale

Für die Hendlbrust:
4 Hähnchenbrustfilets (à ca. 150 g;
mit Haut) · 1 EL Öl
4 EL braune Butter (siehe S. 13)
Kräuter-Gewürz-Salz (siehe S. 10)

1 Für den Bratkartoffel-Spargel-Salat die Kartoffeln waschen und mit der Schale in Salzwasser mit dem Kümmel weich garen. Die Kartoffeln abgießen, kurz ausdampfen lassen und halbieren. Den weißen Spargel ganz, den grünen Spargel nur im unteren Drittel schälen, dabei die holzigen Enden jeweils entfernen. Beide Spargelsorten schräg in 2 bis 3 cm breite Stücke schneiden.

2 Den Puderzucker in einer Pfanne bei milder Hitze hell karamellisieren und beide Spargelsorten darin andünsten. Die Brühe angießen und die Spargelstücke darin zugedeckt unter gelegentlichem Rühren 5 bis 6 Minuten gerade weich dünsten. Den Sud abgießen und in einen hohen Rührbecher füllen. Den Zitronensaft und den Senf hinzufügen und das Salatöl mit einem Stabmixer hineinrühren. Die Marinade mit etwas Chilisalz und 1 Prise Zucker würzen und mit den Spargelstücken und den Kräutern mischen.

3 Das Olivenöl in einer Pfanne erhitzen und die Kartoffeln darin mit der Schnittfläche nach unten bei mittlerer Hitze anbraten, wenden und auf der anderen Seite anbraten. Mit Salz, Pfeffer, 1 Prise Kümmel und Zitronenschale würzen. Die Bratkartoffeln mit dem Spargel mischen und gegebenenfalls etwas nachwürzen.

4 Für die Hendlbrust den Backofen auf 100 °C vorheizen. In die mittlere Schiene ein Ofengitter und auf die untere Schiene ein Abtropfblech schieben. Die Hähnchenbrustfilets waschen und trocken tupfen. Das Öl in einer Pfanne erhitzen und die Hähnchenbrustfilets darin auf der Hautseite goldbraun anbraten, wenden und auf der Fleischseite kurz anbraten. Dann auf das Ofengitter setzen und im Ofen etwa 30 Minuten saftig durchziehen lassen.

5 Die braune Butter in einer Pfanne sanft erwärmen, mit dem Kräuter-Gewürz-Salz würzen und die Hähnchenbrustfilets darin wenden. Den Bratkartoffel-Spargel-Salat auf vorgewärmte Teller verteilen, die Hendlbrüste in Scheiben schneiden und darauf anrichten.

ROASTBEEF AUF GARTENGEMÜSE MIT LIEBSTÖCKELREMOULADE

Zutaten für 4 Personen

Für das Roastbeef:
1–2 EL Öl
1,2 kg Rinderrücken (küchenfertig)
2–3 EL braune Butter (siehe S. 13)
mildes Chilisalz

Für die Liebstöckelremoulade:
1 kleine Essiggurke
1 hart gekochtes Ei · 1 EL Kapern
100 g Schmand · 4–5 EL Butter-
milch · 1 TL scharfer Senf
2 EL Petersilienblätter
(frisch geschnitten)
2 Liebstöckelblätter
(frisch geschnitten)
1 TL Zitronensaft
1 Msp. abgeriebene unbehandelte
Zitronenschale · Zucker
Salz · mildes Chilipulver

Für das Gartengemüse:
150 g feine grüne Bohnen · Salz
2 große Karotten
2 Bund Mairübchen
(ersatzweise Radieschen)
2 Bund Frühlingszwiebeln
100 ml Gemüsebrühe (siehe S. 11)
3 EL Zitronensaft · 1 TL Dijon-Senf
3 EL mildes Olivenöl
mildes Chilisalz
Pfeffer aus der Mühle · Zucker

1 Für das Roastbeef den Backofen auf 100 °C vorheizen. Ein Ofengitter auf die mittlere Schiene und darunter ein Abtropfblech schieben. Das Öl in einer Pfanne erhitzen und das Rindfleisch darin bei mittlerer Hitze rundum anbraten. Das Roastbeef auf das Ofengitter setzen und im Ofen etwa 2 Stunden rosa durchziehen lassen. Anschließend in einer Pfanne in der warmen braunen Butter wenden und mit Chilisalz würzen. Im Ofen bei 70 °C warm halten.

2 Für die Liebstöckelremoulade die abgetropfte Essiggurke mit dem geschälten Ei in kleine Würfel schneiden, die abgetropften Kapern grob hacken. Den Schmand mit der Buttermilch und dem Senf mischen. Kräuter, Essiggurke, Ei und Kapern dazugeben und die Remoulade mit Zitronensaft und -schale, 1 Prise Zucker, Salz und Chilipulver abschmecken.

3 Für das Gartengemüse die Bohnen putzen, waschen und schräg in etwa 3 cm lange Stücke schneiden. In kräftig gesalzenem Wasser etwa 6 Minuten weich kochen, in ein Sieb abgießen, kalt abschrecken und abtropfen lassen.

4 Die Karotten putzen, schälen und in etwa ½ cm dicke und 5 cm lange Stifte schneiden. Die Rübchen putzen, schälen und halbieren. Die Frühlingszwiebeln putzen und waschen, das Grün dabei weitgehend entfernen und die weißen Teile in 4 cm lange Stücke schneiden. Die Karotten, Rübchen und Frühlingszwiebeln nacheinander in Salzwasser bissfest kochen, kalt abschrecken und auf einem Sieb abtropfen lassen.

5 Für die Marinade die Brühe mit dem Zitronensaft und dem Senf in einen hohen Rührbecher füllen und das Öl mit dem Stabmixer untermixen. Mit Chilisalz, Pfeffer und 1 Prise Zucker würzen. Die Gemüsesorten mit der Marinade mischen.

6 Das Roastbeef in dünne Scheiben schneiden, auf vorgewärmte Teller legen und mit etwas Chilisalz bestreuen. Das marinierte Gartengemüse und die Liebstöckelremoulade daneben anrichten.

Suppen

GEEISTE JOGHURT-RADIESERL-SUPPE MIT GEBRATENEN PFIFFERLINGEN

Zutaten für 4 Personen

Für die Joghurt-Radieserl-Suppe:

1 EL Mandelblättchen
400 g Naturjoghurt
400 ml kalte Gemüsebrühe
(entfettet; siehe S. 11)
200 g Sahne
1 Spritzer Zitronensaft
½ TL abgeriebene unbehandelte
Zitronenschale
Salz · mildes Chilipulver
1 kleine geriebene Knoblauchzehe
½ TL geriebener Ingwer
6–8 Radieschen
1 EL Dillspitzen (frisch geschnitten)

Für die Pfifferlinge:

120 g kleine Pfifferlinge
1 EL Öl · gemahlener Kümmel
½ TL abgeriebene unbehandelte
Zitronenschale
mildes Chilisalz

1 Die Mandelblättchen in einer Pfanne ohne Fett anrösten, auf einen kleinen Teller legen und abkühlen lassen. Für die Suppe den Joghurt mit der Brühe und der Sahne in einer Schüssel verrühren und mit dem Zitronensaft, der Zitronenschale, etwas Salz, 1 Prise Chilipulver, dem Knoblauch und dem Ingwer würzen.

2 Die Radieschen putzen, waschen und in feine Streifen schneiden oder hobeln. Die Radieschenstreifen mit dem Dill in die Joghurtsuppe rühren. Die Pfifferlinge gründlich putzen und, falls nötig, mit Küchenpapier trocken abreiben. Je nach Größe halbieren oder ganz lassen.

3 Das Öl in einer Pfanne erhitzen und die Pfifferlinge darin bei mittlerer Hitze einige Minuten anbraten. Mit 1 Prise Kümmel, Zitronenschale und etwas Chilisalz würzen.

4 Die geeiste Joghurt-Radieserl-Suppe in Tassen oder Suppenschälchen schöpfen, die gebratenen Pfifferlinge darüber verteilen und mit den gerösteten Mandelblättchen bestreuen.

MEIN TIPP:

Außerhalb der Pfifferlingsaison lässt sich die Joghurt-Radieserl-Suppe auch sehr gut mit frisch gehobelten Champignons zubereiten. Dazu eignen sich am besten feste Champignons mit geschlossener Kappe. Pilze saugen sich schnell mit Wasser voll, daher sollte man sie möglichst nicht waschen: Reinigen Sie Pilze mit einem trockenen feinen Pinsel, einer Pilzbürste oder einem kleinen Messer. Kleine Pfifferlinge sind besonders hübsch in der Form und haben einen feinen Biss. Leider sind sie häufig sehr staubig und trocken, dann ist es besser, sie kurz durch kaltes Wasser zu ziehen, gleich wieder herauszunehmen und sofort zum Trocknen auf Küchentüchern auszubreiten.

GEEISTE TOMATEN-PAPRIKA-SUPPE MIT GURKE UND WALNÜSSEN

1 Die Gurke schälen und längs halbieren. Die Kerne mit einem Löffel entfernen. Die Paprikaschoten längs halbieren, entkernen, waschen und mit dem Sparschäler häuten. Die Tomaten waschen, vierteln und die Stielansätze entfernen. Dabei die Tomatenkerne herauslösen und in einen kleinen Topf geben.

2 Die Brühe zu den Tomatenkernen gießen und leicht erwärmen, anschließend den Topf vom Herd nehmen. Die Knoblauchzehe schälen, halbieren und mit der Ingwerscheibe etwa 5 Minuten in der Tomatenbrühe ziehen lassen. Dann die Tomatenbrühe durch ein Sieb in eine Schüssel streichen und abkühlen lassen.

3 Von der Gurke, den Paprikaschoten und den Tomaten so viel in kleine Würfel schneiden, dass sich jeweils 1 bis 2 EL ergeben. Die Gemüsewürfel kühl stellen. Das restliche Gemüse grob zerkleinern, mit 200 ml kaltem Wasser, dem Tomatenfond und dem Essig im Küchenmixer oder mit dem Stabmixer fein pürieren.

4 Unter Mixen das Olivenöl dazugeben und je nach Konsistenz noch etwas Wasser unterrühren. Die Suppe mit Salz und je 1 Prise Chilipulver und Vanillezucker würzen. Nach Belieben noch etwas gehackten Knoblauch dazugeben. Die Gemüsesuppe zugedeckt im Kühlschrank 1 bis 2 Stunden ziehen lassen, anschließend nochmals abschmecken. Die Walnüsse grob hacken.

5 Die Gemüsewürfel in Tassen oder Suppenschälchen verteilen und die geeiste Tomaten-Paprika-Suppe darüberschöpfen. Mit den gehackten Walnüssen bestreuen.

Zutaten für 4 Personen

1 kleine Salatgurke
2 große rote Paprikaschoten
3–4 Tomaten
100 ml Gemüsebrühe (siehe S. 11)
1 Knoblauchzehe
1 Scheibe Ingwer
1 EL Rotweinessig
4 EL mildes Olivenöl
Salz · mildes Chilipulver
Vanillezucker
1–2 EL Walnusskerne

MEIN TIPP:

Nach Belieben können Sie die Tomaten-Paprika-Suppe noch zusätzlich mit knusprig gebratenen Weißbrotwürfeln (siehe S. 34) bestreuen. Anstatt der gehackten Walnüsse schmecken auch geröstete Mandelblättchen ausgezeichnet.

ABG'SCHMOLZENE BROTSUPPE
MIT HECHT-DILL-NOCKERLN

Zutaten für 4 Personen

Für die abg'schmolzene Brotsuppe:
1 große Zwiebel (ca. 160 g)
½ Karotte (ca. 60 g)
60 g Knollensellerie
2 Knoblauchzehen
je ¼ TL Anis- und Fenchelsamen
je ½ TL Pimentkörner, ganzer
Kümmel und Korianderkörner
3 Wacholderbeeren
1 TL Puderzucker
¾ l Gemüsebrühe (siehe S. 11)
1 Lorbeerblatt · 1 Scheibe Ingwer
1 kleine getrocknete rote Chilischote
1 Zweig frisches Bohnenkraut
150 g Mischbrot (vom Vortag)
3–4 EL braune Butter (siehe S. 13)
Salz

Für die Hecht-Dill-Nockerl:
150 g kaltes Hechtfilet (ohne Haut
und Gräten; siehe Tipp)
Salz · ½ TL scharfer Senf
frisch geriebene Muskatnuss
150 g eiskalte Sahne
1 EL Dillspitzen (frisch geschnitten)
1 Lorbeerblatt
1–2 Scheiben Ingwer
1 getrocknete rote Chilischote

Außerdem:
frische Dillspitzen und Bohnenkraut

1 Für die Brotsuppe die Zwiebel schälen und in 1 bis 1½ cm große Rauten schneiden. Karotte und Sellerie putzen, schälen, zunächst in dünne Scheiben und dann ebenfalls in Rauten schneiden. Knoblauch schälen und 1 Zehe in Scheiben schneiden. Anis- und Fenchelsamen, Pimentkörner, Kümmel, Korianderkörner und Wacholderbeeren in ein Gewürzsäckchen füllen.

2 Den Puderzucker in einem großen Topf bei milder Hitze hell karamellisieren. Die Zwiebeln hinzufügen und darin leicht andünsten. Die Karotten- und Sellerierauten hinzufügen und alles mit der Brühe ablöschen. Lorbeerblatt, Gewürzsäckchen, Knoblauch- und Ingwerscheiben sowie Chilischote hinzufügen und alles 5 bis 10 Minuten knapp unter dem Siedepunkt ziehen lassen, bis die Zwiebeln weich sind. Das Bohnenkraut 2 bis 3 Minuten darin ziehen lassen, anschließend wieder entfernen. Die Suppe warm halten.

3 Das Brot zuerst in Scheiben, dann in 1½ bis 2 cm große Rauten schneiden. Die braune Butter in einer Pfanne erhitzen und die Brotwürfel darin knusprig braten. Dabei die zweite Knoblauchzehe halbieren und mitziehen lassen, zuletzt mit wenig Salz würzen.

4 Für die Hecht-Dill-Nockerl das Fischfilet waschen, trocken tupfen, in Würfel schneiden, mit Salz würzen und 5 Minuten in das Tiefkühlfach legen. Anschließend die Fischstücke im Blitzhacker mit dem Senf, 1 Prise Muskatnuss und etwas eiskalter Sahne pürieren, bis eine Bindung entstanden ist. Nach und nach die eiskalte Sahne in kleinen Portionen hinzufügen. Die Farce ist fertig, sobald sie glatt und glänzend ist. Zuletzt den Dill unter die Farce rühren.

5 In einem Topf ausreichend Salzwasser erhitzen und Lorbeerblatt, Ingwerscheiben und Chilischote hinzufügen. Mit zwei nassen Löffeln kleine Nockerl aus der Farce formen und im Salzwasser knapp unter dem Siedepunkt etwa 8 Minuten gar ziehen lassen.

6 Die heiße Gemüsebrühe in vorgewärmte tiefe Teller schöpfen, die Hecht-Dill-Nockerl hineinlegen und die gerösteten Brotrauten daraufsetzen. Mit Dillspitzen und Bohnenkraut garnieren.

MEIN TIPP:

Die Gräten lassen sich beim Hechtfilet nicht wie bei den meisten anderen Fischen mit einer Grätenzange herausziehen. Am besten schneidet man sie mit einem Messer mit feiner Klinge komplett heraus.

KLARE OCHSENSCHWANZSUPPE MIT BRÄTSTRUDEL

Zutaten für 4 Personen

Für die klare Ochsenschwanzsuppe:

2 EL Öl

1 kg Ochsenschwanz (küchenfertig zerteilt)

500 g Rinderwade (küchenfertig)

3 EL Madeira (portugiesischer Süßwein)

3 l Gemüse- oder Rinderbrühe

1 Zwiebel · ½ Karotte

80 g Knollensellerie

¼ Stange Lauch · 1 Tomate

5 Wacholderbeeren

½ TL gelbe Senfkörner

¼ – ½ TL Korianderkörner

5 Pimentkörner

1 TL schwarze Pfefferkörner

1 TL getrockneter Thymian

1 Lorbeerblatt · 1 Gewürznelke

Für den Brätstrudel:

35 g Mehl

100 ml Milch · 1 Ei

1–2 EL braune Butter (siehe S. 13)

frisch geriebene Muskatnuss

Salz · Pfeffer aus der Mühle

½ Karotte (ca. 60 g)

60 g Zucchini

200 g Kalbsbrät · 3 EL Sahne

Öl zum Ausbacken

Außerdem:

mildes Chilisalz

frisch geriebene Muskatnuss

1 Spritzer Sherry

1 EL Schnittlauchröllchen

1 Für die Suppe das Öl in einem großen Schmortopf erhitzen und die Ochsenschwanzstücke mit der Rinderwade darin bei mittlerer Hitze rundum anbraten. Mit Madeira ablöschen und mit Brühe auffüllen, bis Fleisch und Knochen gut bedeckt sind. Knapp unter dem Siedepunkt etwa 4 Stunden weich ziehen lassen. Aufsteigenden Schaum und Fett zwischendurch immer wieder abschöpfen.

2 Inzwischen die Zwiebel, die Karotte und den Sellerie schälen, den Lauch putzen und waschen, alle Gemüsesorten in Stücke schneiden. Die Tomate waschen und halbieren. Die Gewürze und die Kräuter in ein Gewürzsäckchen füllen, dieses verschließen und mit den Gemüsestücken etwa 1 Stunde vor Ende der Garzeit in die Suppe geben.

3 Die gegarten Ochsenschwanzstücke herausnehmen und etwas abkühlen lassen. Das Fleisch von den Knochen lösen, für die Brätstrudel beiseitestellen. Die Brühe vorsichtig durch ein mit einem Küchentuch ausgelegtes Sieb gießen, die Wade darin warm halten.

4 Für den Brätstrudel das Mehl mit der Milch in einer Schüssel verrühren. Das Ei und die braune Butter hinzufügen und den Teig mit 1 Prise Muskatnuss, Salz und Pfeffer würzen. Etwa 20 Minuten ruhen lassen. Etwas Öl in einer kleinen Pfanne erhitzen und den Teig darin bei milder Hitze portionsweise zu 3 hellbraunen, dünnen Pfannkuchen ausbacken, herausnehmen und abkühlen lassen.

5 Karotte und Zucchini putzen, schälen und in sehr kleine Würfel schneiden. In Salzwasser einige Minuten bissfest blanchieren, in ein Sieb abgießen, kalt abschrecken und auf dem Sieb abtropfen lassen. Kalbsbrät mit der Sahne glatt rühren, mit Salz und Pfeffer würzen, Gemüsewürfel unterheben. Drei Handvoll Ochsenfleisch zerkleinern.

6 Jeweils einen Bogen Alufolie mit einem Bogen Frischhaltefolie belegen und einen abgekühlten Pfannkuchen darauflegen. Den Pfannkuchen mit je einem Drittel des Kalbsbräts bestreichen und mit je 1 Handvoll Fleischstücken belegen (in Rollrichtung). Die Pfannkuchen stramm aufrollen, dabei die Enden locker zusammendrehen und hochklappen. Die Brätstrudel in einem großen Topf in 90 °C heißem Wasser 30 Minuten gar ziehen lassen. Dann herausnehmen, auswickeln und schräg in 1 bis 1½ cm dicke Scheiben schneiden.

7 Ausreichend Brühe erhitzen und mit Chilisalz, 1 Prise Muskatnuss und Sherry abschmecken. Das Wadenfleisch in dünne Scheiben schneiden und in vorgewärmte, tiefe Teller geben. Strudel hineinlegen, mit Schnittlauch bestreuen und mit Brühe überschöpfen.

GRAUPENSUPPE
MIT LIEBSTÖCKEL UND SAFRAN

1 Die Graupen in ein Sieb geben, mit kaltem Wasser abbrausen und abtropfen lassen. Eine Zwiebel schälen und das Lorbeerblatt mit der Gewürznelke darauf feststecken. Die gespickte Zwiebel mit den Graupen in leicht gesalzenes Wasser geben und darin bei milder Hitze etwa 30 Minuten köcheln lassen. In ein Sieb abgießen, unter fließendem kaltem Wasser abbrausen, bis das Wasser klar abläuft, und abtropfen lassen. Die gespickte Zwiebel entfernen.

2 Inzwischen die übrige Zwiebel, die Karotte und den Sellerie schälen. Den Lauch putzen und waschen. Das Gemüse in 3 bis 5 mm große Würfel schneiden. Den Speck ebenfalls in kleine Würfel schneiden.

3 In einer Pfanne 1 bis 2 TL Öl erhitzen und die Speckwürfel darin bei mittlerer Hitze knusprig anbraten, anschließend in ein Sieb abgießen und auf Küchenpapier abtropfen lassen. Die Safranfäden in 2 EL heiße Brühe legen und etwas ziehen lassen.

4 Das restliche Öl in einem Topf erhitzen und die Gemüsewürfel darin bei milder Hitze andünsten. Mit der übrigen Brühe auffüllen, die Sahne hinzufügen und 2 bis 3 Minuten knapp unter dem Siedepunkt ziehen lassen. Die Speisestärke mit wenig kaltem Wasser glatt rühren und nach und nach in die köchelnde Suppe geben, bis diese leicht sämig bindet. Die Suppe 1 bis 2 Minuten weiterköcheln lassen.

5 Die Knoblauch- und Ingwerscheiben, die Zitronen- und Orangenschale, den Liebstöckel und den Safran samt Einweichflüssigkeit dazugeben und alles einige Minuten in der Suppe ziehen lassen. Die ganzen Gewürze anschließend entfernen, die Graupen und die Speckwürfel hineinrühren und die Suppe mit Chilisalz, Pfeffer, etwas Muskatnuss und einigen Tropfen Zitronensaft abschmecken.

6 Die Petersilie in vorgewärmte tiefe Teller streuen und die Graupensuppe darauf verteilen.

Zutaten für 4 Personen

100 g Perlgraupen
2 Zwiebeln
1 Lorbeerblatt
1 Gewürznelke
Salz
½ Karotte
80 g Knollensellerie
80 g Lauch
100 g durchwachsener Speck
2 EL Öl
8–10 Safranfäden
1 l Hühnerbrühe
150 g Sahne
1–2 EL Speisestärke
1 Knoblauchzehe (in Scheiben)
1–2 Scheiben Ingwer
*je 1 Streifen unbehandelte Zitronen-
und Orangenschale*
*2 Liebstöckelblätter
(frisch geschnitten)*
mildes Chilisalz
Pfeffer aus der Mühle
frisch geriebene Muskatnuss
Zitronensaft
*1 EL Petersilienblätter
(frisch geschnitten)*

MEIN TIPP:

Beim Kochen der Graupen sondert sich Stärke ab, wodurch die Kochflüssigkeit eine kleberartige Konsistenz erhält. Daher werden die Graupen separat in Salzwasser gekocht, abgegossen, abgewaschen und abgetropft, bevor sie in die Suppe kommen. Da die Graupen beim Kochen ein Vielfaches an Flüssigkeit aufnehmen, sollte das Kochwasser gut gewürzt sein, also etwa den Salzgehalt einer klaren Suppe haben.

SPARGELGANGERL
MIT SPANFERKEL-SAUERKRAUT-ROULADE

Für die Spanferkel-
Sauerkraut-Roulade:
½ Zwiebel · 1 EL Öl
300 g Sauerkraut (aus der Dose)
50 ml trockener Weißwein
150 ml Gemüsebrühe
1 Stück Speckschwarte
(ersatzweise 1 dicke Scheibe
durchwachsener Speck)
5 schwarze Pfefferkörner
2 Wacholderbeeren (angedrückt)
1 Lorbeerblatt
1 EL Apfelmus
1 EL Butter
mildes Chilipulver · Zucker
4 Lasagneplatten (vorgekocht)
Salz
160 g gekochter Spanferkelschinken
(in dünnen Scheiben)

Für die Spargelsuppe:
200 g weißer Spargel
200 g grüner Spargel
800 ml Gemüsebrühe (siehe S. 11)
200 g Sahne
1 Streifen unbehandelte
Zitronenschale
20 g kalte Butter
Salz · mildes Chilipulver
frisch geriebene Muskatnuss
etwas Zitronensaft

1 Am Vortag für die Roulade die Zwiebelhälfte schälen und in feine Würfel schneiden. Das Öl in einem kleinen Topf erhitzen und die Zwiebel darin andünsten. Das Sauerkraut dazugeben und kurz mitdünsten. Mit dem Wein ablöschen und diesen fast vollständig einköcheln lassen.

2 Die Brühe angießen, die Speckschwarte hinzufügen und das Sauerkraut bei milder Hitze etwa 45 Minuten schmoren, falls nötig, etwas Brühe nachgießen. Inzwischen Pfeffer, Wacholderbeeren und Lorbeer in ein Gewürzsäckchen füllen und verschließen. Nach 30 Minuten Garzeit mit dem Apfelmus zum Sauerkraut geben. Gewürze und Speck am Ende der Garzeit entfernen. Die Butter unterrühren und das Sauerkraut mit je 1 Prise Chilipulver und Zucker sowie Salz abschmecken.

3 Die Lasagneplatten in Salzwasser nach Packungsanweisung bissfest garen, kalt abschrecken und je eine Platte auf eine Lage Frischhaltefolie legen. Die Schinkenscheiben drauflegen und das Sauerkraut darauf verteilen. Jede Platte in der Frischhaltefolie zu einer Roulade von etwa 4 cm Durchmesser aufrollen und in Alufolie wickeln.

4 In einem Topf reichlich Wasser aufkochen, die Rouladen hineinlegen und knapp unter dem Siedepunkt 15 Minuten ziehen lassen. Herausnehmen und im Kühlschrank über Nacht durchkühlen lassen.

5 Am nächsten Tag für die Suppe den Spargel waschen. Den weißen Spargel ganz, den grünen nur im unteren Drittel schälen, holzige Enden abschneiden. Die Brühe erhitzen und die Schalen darin knapp unter dem Siedepunkt 20 Minuten ziehen lassen. Den Sud durch ein Sieb in einen Topf gießen, die Schalen gut ausdrücken und entfernen.

6 Die Spargelstangen längs halbieren und schräg in etwa 4 cm lange Stücke schneiden. Zum Spargelsud geben und knapp unter dem Siedepunkt 5 bis 10 Minuten bissfest garen. Den Sud durch ein Sieb in einen Topf gießen, die Spargelstücke warm stellen.

7 Die Sahne zum Spargelsud geben und alles bis knapp unter den Siedepunkt erhitzen. Die Suppe vom Herd nehmen, die Zitronenschale hinzufügen, einige Minuten darin ziehen lassen und wieder entfernen. Die kalte Butter mit dem Stabmixer unterrühren. Die Suppe mit Salz, 1 Prise Chilipulver, Muskatnuss und Zitronensaft abschmecken.

8 Die Rouladen in etwa 1 cm dicke Scheiben schneiden und bei milder Hitze in brauner Butter erwärmen. Den Spargel in vorgewärmten tiefen Tellern anrichten, die Suppe mit dem Stabmixer aufschäumen und darüber verteilen. Die Rouladenscheiben darauf anrichten.

BERGLINSENSUPPE
MIT GEBACKENEN WEISSWURSTRADLN

Zutaten für 4 Personen

Für die Berglinsensuppe:

1 Zwiebel · 1 EL Öl
300 g Berglinsen
(kleine grüne Linsen)
1 EL Tomatenmark
⅛ l kräftiger Rotwein
1 ½ l Hühnerbrühe
je 60 g Karotte, Lauch
und Knollensellerie (geschält
bzw. geputzt)
½ – 1 TL getrockneter Majoran
½ geschälte Knoblauchzehe
2 Scheiben Ingwer
1 kleiner Splitter Zimtrinde
1 kleiner Streifen unbehandelte
Orangenschale
Salz · mildes Chilipulver
1 EL Petersilienblätter
(frisch geschnitten)
1–2 TL Dillspitzen
(frisch geschnitten)

Für die Weißwurstradl:

2 Weißwürste
50 g doppelgriffiges Mehl
50 g Weißbrotbrösel · 1 Ei
Salz · Pfeffer aus der Mühle
1 Spritzer Zitronensaft
Öl zum Braten

1 Für die Berglinsensuppe die Zwiebel schälen und in feine Würfel schneiden. Das Öl in einem Topf erhitzen und die Zwiebel darin bei milder Hitze andünsten. Die Berglinsen dazugeben und das Tomatenmark unterrühren. Alles mit dem Wein ablöschen und sämig einköcheln lassen. Die Brühe angießen und die Suppe knapp unter dem Siedepunkt 45 bis 50 Minuten garen.

2 Das Gemüse in sehr kleine Würfel schneiden und zu den Linsen geben. Die Suppe mit Majoran würzen und weitere 5 Minuten fertig garen. Knoblauch, Ingwer, Zimt und Orangenschale in die Suppe geben und alles mit Salz, 1 Prise Chilipulver und nach Belieben mit 1 EL brauner Butter abschmecken. Die ganzen Gewürze anschließend wieder entfernen und die Petersilie und den Dill in die Suppe rühren. Warm halten.

3 Die Weißwürste häuten und jeweils schräg in 5 dicke Scheiben schneiden. Das Mehl und die Weißbrotbrösel jeweils in tiefe Teller geben. Das Ei in einem tiefen Teller verquirlen und mit Salz, Pfeffer und etwas Zitronensaft würzen. Die Weißwurstscheiben zunächst im Mehl wenden, dann durch das Ei ziehen und zuletzt in den Weißbrotbröseln wenden.

4 Ausreichend Öl in einer Pfanne erhitzen und die Weißwurstscheiben darin bei mittlerer Hitze auf beiden Seiten goldbraun braten. Herausnehmen und auf Küchenpapier abtropfen lassen.

5 Die Berglinsensuppe in vorgewärmte tiefe Teller schöpfen und die gebackenen Weißwurstradl darin verteilen.

MEIN TIPP:

Kleine Linsensorten bleiben beim Garen schöner in Form und sind durch den größeren Schalenanteil geschmackvoller.
Damit die Weißwurstradl schön saftig werden, schneidet man die Weißwürste in relativ dicke Scheiben von gut 2 cm. Sie können sie im Voraus panieren, gebacken werden sie jedoch erst kurz vor dem Anrichten – denn am besten schmecken sie frisch aus der Pfanne.

BUNTER GEMÜSEEINTOPF
MIT KOPFSALAT-MANDEL-PESTO

1 Für den Gemüseeintopf die Kartoffel schälen, waschen und in 1 cm große Würfel schneiden. Die Karotte putzen, schälen und schräg in Scheiben schneiden. Die Zwiebel schälen und in 1½ cm breite Stücke schneiden. Den Weißkohl putzen, die Blätter waschen, trocken schleudern und in 1½ cm große Stücke schneiden. Den Fenchel putzen, waschen und vierteln, den harten Strunk entfernen. Die Viertel quer in 1½ cm breite Stücke schneiden. Den Sellerie putzen, waschen und schräg in etwa ½ cm breite Scheiben schneiden. Die Champignons putzen, falls nötig, trocken abreiben und vierteln. Die Frühlingszwiebeln putzen, waschen und schräg in ½ cm breite Ringe schneiden.

2 Die Bohnen putzen, waschen und schräg in 1½ cm breite Stücke schneiden. Ausreichend Salzwasser in einem Topf erhitzen und die Bohnen darin 4 bis 5 Minuten weich garen. In ein Sieb abgießen, kalt abschrecken und abtropfen lassen.

3 Das Öl in einem großen Topf erhitzen und Kartoffel, Zwiebel, Karotte, Weißkohl, Fenchel und Sellerie darin bei milder Hitze andünsten. Mit der Brühe aufgießen, das Lorbeerblatt dazugeben und das Gemüse knapp unter dem Siedepunkt 10 bis 15 Minuten weich garen.

4 Kurz vor Ende der Garzeit den Thymian waschen und trocken tupfen. Mit den Pilzen, Frühlingszwiebeln, Bohnen, Knoblauch und Ingwer sowie Zitronenschale zur Suppe geben. Die Gewürze einige Minuten ziehen lassen und wieder entfernen. Den Gemüseeintopf mit Salz und 1 Prise Chilipulver abschmecken und warm halten.

5 Für das Pesto den Salat putzen, waschen und trocken schleudern. Die Mandelblättchen in einer Pfanne ohne Fett bei milder Hitze hellbraun rösten und abkühlen lassen. Die Petersilie waschen und trocken schütteln, die Blätter abzupfen. Die Petersilienblätter in kochendem Salzwasser 1 bis 2 Minuten blanchieren. In ein Sieb abgießen, kalt abschrecken und abtropfen lassen, das Wasser gut herausdrücken.

6 Die Salatblätter mit den Mandelblättchen, der Petersilie, dem Knoblauch, dem Parmesan, einigen Spritzern Zitronensaft, dem Öl und der braunen Butter im Blitzhacker oder mit dem Stabmixer pürieren. Das Pesto mit Salz abschmecken.

7 Den Gemüseeintopf auf vorgewärmte tiefe Teller verteilen und mit dem Kopfsalat-Mandel-Pesto beträufeln.

Zutaten für 4 Personen

Für den Gemüseeintopf:
1 große festkochende Kartoffel
1 Karotte
1 Zwiebel
100 g junger Weißkohl
½ kleine Fenchelknolle
1 Stange Staudensellerie
80 g kleine weiße Champignons
½ Bund Frühlingszwiebeln
80 g breite Bohnen
Salz
1 EL Öl
800 ml Gemüsebrühe (siehe S. 11)
1 kleines Lorbeerblatt
1 Zweig Thymian
1 Knoblauchzehe (in Scheiben)
2 Scheiben Ingwer
1 Streifen unbehandelte Zitronen-schale
mildes Chilipulver

Für das Kopfsalat-Mandel-Pesto:
80 g Kopfsalatblätter
1 EL Mandelblättchen
1 Bund Petersilie (ersatzweise
80 g Spinatblätter)
Salz
½ Knoblauchzehe
1 EL frisch geriebener Parmesan
Zitronensaft
60 ml mildes Olivenöl
60 g braune Butter (siehe S. 13)

KARTOFFELSUPPE
MIT PILZGRÖSTL UND SPECK

Zutaten für 4 Personen

Für die Kartoffelsuppe:

½ Zwiebel
50 g Knollensellerie
1 kleine Karotte
¾ l Hühnerbrühe
2 mehligkochende Kartoffeln
(ca. 250 g)
Salz · 1 Lorbeerblatt
1 kleine getrocknete rote Chilischote
150 g Sahne · 20 g kalte Butter
1 kleine Knoblauchzehe
(in Scheiben) · gemahlener Kümmel
getrockneter Majoran
milde Chiliflocken
frisch geriebene Muskatnuss
1 Msp. abgeriebene unbehandelte
Zitronenschale
1 kleiner Zweig frisches
Bohnenkraut

Für das Pilzgröstl:

60 g kleine Pfifferlinge
60 g Steinpilze
1 Frühlingszwiebel
1 TL braune Butter (siehe S. 13)
mildes Chilisalz
1 Msp. abgeriebene unbehandelte
Zitronenschale
1 TL Petersilienblätter
(frisch geschnitten)

Außerdem:

4 Scheiben Frühstücksspeck
(hauchdünn geschnitten) · 1 EL Öl
1 Zweig frisches Bohnenkraut

1 Für die Suppe die Zwiebelhälfte, den Sellerie und die Karotte schälen und in 5 bis 7 mm große Würfel schneiden. Die Brühe in einem Topf aufkochen und die Gemüsewürfel darin knapp unter dem Siedepunkt etwa 20 Minuten weich ziehen lassen.

2 Die Kartoffeln schälen, waschen und ebenfalls in kleine Würfel schneiden. In einem Topf ausreichend Salzwasser erhitzen, das Lorbeerblatt und die Chilischote sowie die Kartoffelwürfel dazugeben und knapp unter dem Siedepunkt etwa 20 Minuten gar ziehen lassen. Anschließend das Lorbeerblatt und die Chili wieder entfernen, die Kartoffeln in ein Sieb abgießen und in die Brühe zum Gemüse geben.

3 Die Sahne mit der kalten Butter und den Knoblauchscheiben zur Suppe hinzufügen und alles mit dem Stabmixer fein pürieren. Mit je 1 Prise Kümmel, Majoran, Chiliflocken und Muskatnuss sowie der Zitronenschale würzen. Das Bohnenkraut waschen und einige Minuten in der Suppe ziehen lassen, anschließend wieder entfernen.

4 Inzwischen für das Gröstl die Pfifferlinge gründlich putzen und, falls nötig, mit Küchenpapier trocken abreiben. Die Steinpilze ebenfalls putzen, falls nötig, trocken abreiben und in grobe Stücke schneiden. Die Frühlingszwiebel putzen, waschen und schräg in 1 bis 2 cm große Stücke schneiden. Die braune Butter in einer Pfanne erhitzen und die Pilze und Frühlingszwiebeln darin bei mittlerer Hitze einige Minuten anbraten, mit Chilisalz, Zitronenschale und Petersilie würzen.

5 Die Speckscheiben jeweils in 3 Stücke schneiden. Das Öl in einer Pfanne erhitzen und den Speck darin bei mittlerer Hitze auf beiden Seiten knusprig braten, auf Küchenpapier abtropfen lassen.

6 Die Pilze in vorgewärmte tiefe Teller verteilen. Die Suppe nochmals kurz mit dem Stabmixer aufschäumen und über die Pilze schöpfen. Den kross gebratenen Speck darauflegen und alles mit Bohnenkrautblättchen garnieren.

MEIN TIPP:

Werden die Kartoffeln separat in leicht gesalzenem Wasser gekocht, »verschleimt« die Kochbrühe nicht, und die Suppe schmeckt feiner. Wenn Sie noch 1 Lorbeerblatt und ½ Chilischote in das Kochwasser geben, bekommt die Kartoffel zusätzlich Geschmack.

SAFRAN-GRIESSNOCKERL

Bei dieser Methode gelingen die Grießnockerl mit Sicherheit. Damit sich die Farbe des Safrans gleichmäßig in der Grießmasse verteilt, sollte man die Fäden zerreiben und zunächst in der Brühe ziehen lassen. Nach Belieben können Sie den Safran aber auch durch andere Gewürze ersetzen.

1 175 ml Gemüsebrühe erhitzen, vom Herd nehmen. ½ Döschen zerriebenen Safran einstreuen und 10 Minuten ziehen lassen. 175 ml Milch dazugeben und aufkochen. 120 g Hartweizengrieß einrühren.

2 Den Grieß einige Minuten unter Rühren dicklich einköcheln. Mit Salz, Pfeffer, Muskatnuss und 1 Msp. abgeriebener unbehandelter Orangenschale würzen. Vom Herd nehmen, etwas abkühlen lassen.

3 1 Eigelb und 1 Ei verquirlen und in die Grießmasse rühren. Mit zwei nassen Esslöffeln Nockerl abstechen und mit 1 Lorbeerblatt in leicht siedendem Salzwasser etwa 10 Minuten ziehen lassen.

BRÄTSTRUDEL

Für den Brätstrudelteig in einer Schüssel 35 g Mehl und 100 ml Milch mit dem Schneebesen verrühren. Dann 1 Ei und 1 bis 2 EL braune Butter hinzufügen und alles mit Salz, Pfeffer und 1 Prise Muskatnuss würzen. Den Brätstrudelteig mindestens 20 Minuten bei Zimmertemperatur ruhen lassen.

1 Den Teig in einer Pfanne mit etwas Öl portionsweise zu dünnen Pfannkuchen ausbacken, herausnehmen und abkühlen lassen. 140 g Kalbsbrät mit 3 EL Sahne und 1 TL Dijon-Senf glatt rühren.

2 Brät mit Salz, Pfeffer, Muskat und 1 Msp. Zitronenschale würzen. Je 1 EL feine Karotten- und Zucchiniwürfel und gehackte Petersilie unterrühren. Die Pfannkuchen dünn mit Brät bestreichen und einrollen.

3 Jede Rolle erst in Frischhaltefolie, dann in Alufolie wickeln. Die Enden zusammendrehen. Die Strudel in 90 °C heißem Wasser 10 bis 15 Minuten ziehen lassen. Strudel auswickeln, in Scheiben schneiden.

KARTOFFEL-GRIEBEN-MAULTASCHERL

Für den Nudelteig 150 g doppelgriffiges Mehl, 1 Ei, 1 Eigelb, 2 EL Olivenöl und 1 Prise Salz zu einem glatten Teig verkneten. In Frischhaltefolie wickeln und im Kühlschrank 30 Minuten ruhen lassen. Dann mit Mehl zu zwei 12 cm breiten Bahnen ausrollen, längs halbieren und mit verquirltem Eiweiß bestreichen.

1 Für die Füllung 250 g gegarte, durchgedrückte Kartoffeln mit 60 ml heißer Milch verrühren. Je 2 EL gebratene Speck- und Zwiebelwürfel sowie je 1 EL saure Sahne und braune Butter unterrühren.

2 Mit Salz, Pfeffer, je 1 Prise gem. Kümmel, getrocknetem Majoran und Muskat würzen. Die Masse in einen Spritzbeutel mit Lochtülle füllen. Entlang der Mitte jeder Teigbahn die Füllung aufspritzen.

3 Teig längs einrollen, sodass die Nahtseite unten liegt. Mit einem Löffelstiel im Abstand von 3 cm eindrücken, durchschneiden und Enden andrücken. In siedendem Salzwasser 3 Minuten garen.

GEBACKENE GEFLÜGELLEBER-KNÖDEL

Durch das Ausbacken in Fett bekommen die Leberknödel eine appetitliche braune Färbung. Damit sie dabei auch durchgaren, darf die Temperatur der Fritteuse nicht zu hoch sein und die Knödel werden kleiner geformt. Größere Knödel können noch 5 bis 10 Minuten in der heißen Suppe nachziehen.

1 ½ gewürfelte Zwiebel in 1 TL brauner Butter andünsten. 1 Ei mit 1 TL Senf verrühren. 80 ml Milch erhitzen, mit der Eimasse verrühren und über 170 g entrindetes, klein gewürfeltes Toastbrot gießen.

2 100 g durchgedrehte Geflügelleber mit Zwiebeln, ½ geriebenen Knoblauchzehe, 1 Msp. Zitronenschale, 1 Prise Majoran und 1 EL gehackter Petersilie dazugeben. Mit Salz, Pfeffer und Muskat würzen.

3 Aus der Lebermasse mit angefeuchteten Händen 16 kleine Knödel formen und in der Fritteuse in ausreichend Öl bei 165 bis 170 °C goldbraun frittieren. Auf Küchenpapier abtropfen lassen.

KNOBLAUCH-MANDEL-SUPPE
MIT GEFÜLLTEN ZUCCHINIBLÜTEN

Zutaten für 4 Personen

Für die Knoblauch-Erbsen-Suppe:

800 ml Hühnerbrühe

200 g Sahne

4 Knoblauchzehen (in Scheiben)

1–2 TL geriebener Ingwer

1 Msp. Vanillemark

gemahlene Kurkuma

Salz

Pfeffer aus der Mühle

mildes Chilipulver

1 EL Speisestärke

2 EL helles Mandelmus (aus dem Reformhaus)

20 g kalte Butter

60 g frische Erbsen (ersatzweise tiefgekühlt und aufgetaut)

Für die gefüllten Zucchiniblüten:

4 Zucchiniblüten mit kleinem Zucchino

300 g Schweinswürstelbrät

2 EL kalte Sahne

Butter für den Einsatz

2 EL braune Butter (siehe S. 13)

mildes Chilisalz

1 Für die Suppe die Brühe mit der Sahne in einem Topf erhitzen und Knoblauchscheiben, Ingwer und Vanillemark hinzufügen. Die Brühe mit 1 Prise Kurkuma, Salz, Pfeffer und 1 Prise Chilipulver würzen. Mit dem Stabmixer pürieren.

2 Die Speisestärke mit wenig kaltem Wasser glatt rühren, in die leicht köchelnde Suppe geben, bis diese sämig bindet, noch 1 bis 2 Minuten weiterköcheln lassen. Das Mandelmus dazugeben, die kalte Butter mit dem Stabmixer unterrühren und die Suppe mit Salz abschmecken. Warm halten.

3 Die Erbsen in einem Sieb unter fließendem Wasser abbrausen und abtropfen lassen. Etwas Suppe abnehmen, in einem Topf erhitzen und die Erbsen darin erwärmen. Warm halten.

4 Für die Suppeneinlage die Blütenstempel aus den Zucchiniblüten entfernen, die kleinen Zucchini waschen und trocken tupfen. Das Schweinswürstelbrät mit der Sahne glatt rühren und in einen Spritzbeutel mit Lochtülle füllen. Die Zucchiniblüten mit dem Brät füllen und die Enden der Blütenblätter vorsichtig zusammendrehen.

5 In einen Dämpftopf 2 bis 3 cm hoch Wasser füllen. Den Dämpfeinsatz mit Butter bestreichen und in den Topf setzen. Die Zucchiniblüten auf den Einsatz legen und zugedeckt bei milder Hitze 10 bis 12 Minuten dämpfen. Herausnehmen, mit der braunen Butter bestreichen und mit Chilisalz würzen.

6 Die Suppe ohne Erbsen nochmals mit dem Stabmixer aufschäumen, in vorgewärmte tiefe Teller verteilen. Die Suppe mit den Erbsen dazugeben. Die Zucchiniblüten längs halbieren und jeweils 1 Blüte leicht aufgeklappt auf einen Teller setzen.

KRÄUTER-SPINAT-SUPPE MIT GERÖSTETEN KOKOSFLOCKEN

1 Die Spinatblätter verlesen, gründlich waschen und abtropfen lassen. In kochendem Salzwasser 3 Minuten blanchieren. In ein Sieb abgießen, kalt abschrecken und abtropfen lassen. Den Spinat mit den Händen gut ausdrücken und klein hacken. Die Zwiebel schälen und in feine Würfel schneiden. Die Kartoffel schälen, waschen und in kleine Würfel schneiden.

2 In einem Topf 1 EL Butter zerlassen und die Zwiebel- und Kartoffelwürfel darin bei milder Hitze andünsten. Mit der Brühe auffüllen und die Suppe knapp unter dem Siedepunkt etwa 25 Minuten ziehen lassen. Die Sahne hinzufügen und die Suppe mit dem Stabmixer oder im Küchenmixer fein pürieren. Die Zitronenschale dazugeben, einige Minuten ziehen lassen und wieder entfernen.

3 Die Kokosflocken in einer Pfanne ohne Fett hellbraun anrösten. Die Kräuterblätter waschen, trocken tupfen und klein schneiden. Den Spinat, die Kräuterblätter, den Knoblauch und die restliche kalte Butter in die Suppe geben und mit dem Stabmixer unterrühren. Die Suppe mit Salz, 1 Prise Chilipulver und etwas Muskatnuss abschmecken.

4 Die Kräuter-Spinat-Suppe in vorgewärmte tiefe Teller schöpfen und mit den gerösteten Kokosflocken bestreuen.

Zutaten für 4 Personen

100 g Babyspinat
Salz
1 Zwiebel
1 mehligkochende Kartoffel
(ca. 70 g)
30 g kalte Butter
1 l Hühnerbrühe
200 g Sahne
1 Streifen unbehandelte
Zitronenschale
1 EL Kokosflocken
100 g Kräuterblätter
(z. B. Basilikum, Kerbel, Petersilie,
Dill, Brennnessel, Bärlauch und
Sauerampfer)
1 Knoblauchzehe (in Scheiben)
mildes Chilipulver
frisch geriebene Muskatnuss

MEIN TIPP:

Diese Suppe lässt sich sehr gut vorbereiten. Damit das volle Aroma zur Geltung kommt, Kräuter und Spinat am besten erst kurz vor dem Servieren schneiden und in die heiße Suppe mixen.

TOMATEN-KAROTTEN-SUPPE MIT BERGKÄSE-KRÄUTER-NOCKERLN

Für die Tomaten-Karotten-Suppe:

1 Zwiebel (ca. 150 g)
1 Karotte (ca. 75 g)
1 EL mildes Olivenöl
½ l Gemüsebrühe (siehe S. 11)
500 g stückige Tomaten
(aus der Dose)
1 Knoblauchzehe (in Scheiben)
1 Msp. geriebener Ingwer
Salz · Zucker
Vanillepulver
milde Chiliflocken

Für die Bergkäse-Kräuter-Nockerl:

70 g geriebener Bergkäse
1 Ei · 200 g Ricotta
70 g doppelgriffiges Mehl
2 EL Kräuter (z. B. Petersilie,
Kerbel, Dill, wenig Estragon;
frisch geschnitten)
Salz
½ TL Brotgewürz (aus Kümmel,
Koriander und Fenchel)
mildes Chilisalz
frisch geriebene Muskatnuss

1 Für die Suppe die Zwiebel schälen und in feine Würfel schneiden. Die Karotte putzen, schälen und in Scheiben schneiden. Das Öl in einem Topf erhitzen und Zwiebelwürfel und Karottenscheiben darin bei milder Hitze andünsten.

2 Die Brühe mit den Tomaten hinzufügen und alles knapp unter dem Siedepunkt 30 Minuten ziehen lassen, bis Zwiebel und Karotte weich sind. Die Knoblauchscheiben und den Ingwer hinzufügen und die Suppe mit dem Stabmixer pürieren. Die Suppe mit Salz sowie je 1 Prise Zucker, Vanillepulver und Chiliflocken abschmecken.

3 Für die Nockerl den Bergkäse mit dem Ei, dem Ricotta, dem Mehl und den Kräutern in eine Schüssel geben. Alles mit Salz, Brotgewürz, etwas Chilisalz und Muskatnuss würzen und zu einer gleichmäßigen glatten Masse verarbeiten.

4 Ausreichend Salzwasser in einem Topf erhitzen. Aus der Masse mit zwei nassen Esslöffeln kleine Nockerl formen und im siedenden Salzwasser knapp unter dem Siedepunkt 5 bis 10 Minuten garen. Mit dem Schaumlöffel aus dem Wasser nehmen und kurz abtropfen lassen.

5 Die Tomaten-Karotten-Suppe nochmals mit dem Stabmixer aufschäumen, in vorgewärmte tiefe Teller verteilen und die Bergkäse-Kräuter-Nockerl hineinsetzen. Nach Belieben mit frischen Kräutern garnieren und mit 1 Klecks Pesto (siehe S. 17) beträufeln.

MEIN TIPP:

Die Süße der Karotten harmoniert perfekt mit der Säure der Tomaten. Deshalb kann man zu fast allen Tomatenzubereitungen auch ein wenig Karotten hinzufügen. Die Karotten sollten dabei möglichst klein geschnitten sein, weil die Tomatensäure die Garzeit der anderen Gemüsesorten verlängern würde.
Ebenso hervorragend passt Zimtaroma zu Tomaten. Hier können Sie einfach zum Schluss noch etwas geriebene Zimtrinde in die Tomaten-Karotten-Suppe rühren.

MEERRETTICHSUPPE MIT VANILLE UND KNUSPRIGEN BREZENSCHEIBEN

Zutaten für 4 Personen

Für die Meerrettichsuppe:

*2 mehligkochende Kartoffeln
(ca. 200 g)
1 l Hühnerbrühe
200 g Sahne
4 EL Sahnemeerrettich
(siehe S. 18)
¼ ausgekratzte Vanilleschote
1 Streifen unbehandelte
Zitronenschale
Salz
mildes Chilipulver
Zitronensaft*

Außerdem:

*1 Laugenstange
2–3 EL Butter
1 EL Schnittlauchröllchen*

1 Für die Suppe die Kartoffeln schälen, waschen und in kleine Würfel schneiden. Die Brühe in einem Topf erhitzen und die Kartoffelwürfel darin knapp unter dem Siedepunkt garen. Die Sahne hinzufügen und alles mit dem Stabmixer pürieren.

2 Den Sahnemeerrettich unterrühren. Die Vanilleschote und die Zitronenschale dazugeben, einige Minuten darin ziehen lassen und wieder entfernen. Die Suppe mit Salz, 1 Prise Chilipulver und einigen Tropfen Zitronensaft abschmecken und gegebenenfalls nochmals mit Sahnemeerrettich nachwürzen. Die Suppe warm halten.

3 Für die Brezenscheiben von der Laugenstange das Salz entfernen. Die Laugenstange in dünne Scheiben schneiden. Die Butter in einer Pfanne erhitzen und die Brezenscheiben darin auf beiden Seiten goldbraun braten. Herausnehmen und auf Küchenpapier abtropfen lassen.

4 Die Meerrettichsuppe mit dem Stabmixer nochmals kurz aufschäumen und in vorgewärmte tiefe Teller schöpfen. Die Brezenscheiben darauf verteilen und die Schnittlauchröllchen darüberstreuen. Nach Belieben die Suppe mit frisch geriebenem Meerrettich garnieren.

MEIN TIPP:

Für eine raffinierte, fruchtige Variante der Meerrettichsuppe können Sie einen Teil des Sahnemeerrettichs durch selbst gemachten Apfelkren (siehe S. 19) ersetzen.

Anstelle der Brezenscheiben schmeckt die Suppe auch mit gerösteten Kartoffel- und Kochschinkenwürfeln sehr gut. Einen ganz eigenen Charakter bekommt sie, wenn Sie sie mit Räucherfisch zubereiten: Legen Sie dazu die Räucherhaut von Fischfilets (z.B. Forelle) vor dem Pürieren einige Minuten in die Suppe und entfernen Sie diese dann wieder. Beim Anrichten die entgräteten Fischfilets in kleinere Stücke teilen, in vorgewärmte Suppenteller verteilen und die heiße Suppe darübergeben.

KAROTTEN-INGWER-SUPPE
MIT KARAMELLISIERTEN APFELSPALTEN

1 Die Karotten putzen, schälen und in kleine Würfel schneiden. Die Zwiebel schälen und in feine Würfel schneiden. Die Tomate waschen, halbieren, den Stielansatz entfernen und das Fruchtfleisch in kleine Würfel schneiden.

2 In einem Topf 1 TL Puderzucker bei milder Hitze hell karamellisieren. Die Karotten, die Zwiebel und die Tomate darin kurz andünsten. Die Brühe dazugießen und das Gemüse knapp unter dem Siedepunkt etwa 20 Minuten garen.

3 Den Apfel waschen, vierteln und entkernen. Die Viertel in dünne Spalten schneiden. Zwei Apfelspalten schälen, in kleine Würfel schneiden und mit dem Ingwer, dem Knoblauch und dem Currypulver zur Gemüsesuppe geben. Die Koriander-, Piment- und Pfefferkörner sowie die Zimtsplitter in eine Gewürzmühle füllen und die Suppe damit würzen. Die Sahne und 3 EL kalte Butter dazugeben und die Suppe mit dem Stabmixer fein pürieren.

4 Den restlichen Puderzucker in einer Pfanne bei mittlerer Hitze hell karamellisieren. Die ungeschälten Apfelspalten und die übrige kalte Butter hinzufügen und die Spalten auf beiden Seiten hellbraun anbraten und leicht karamellisieren.

5 Die Karotten-Ingwer-Suppe nochmals mit dem Stabmixer aufschäumen, in vorgewärmte tiefe Teller schöpfen und mit den karamellisierten Apfelspalten garnieren.

Zutaten für 4 Personen

250 g Karotten
1 große Zwiebel
1 Tomate
2 TL Puderzucker
800 ml Gemüsebrühe (siehe S. 11)
1 rotschaliger Apfel
1 TL fein gehackter Ingwer
2 Scheiben Knoblauch
½ – 1 TL mildes Currypulver
je 1 TL Koriander-, Piment- und schwarze Pfefferkörner
½ TL Zimtsplitter
200 g Sahne
4 EL kalte Butter

MEIN TIPP:

Anstelle des Apfels können Sie die Suppe sehr gut mit gebratenen Garnelen kombinieren. Dazu die Garnelen in 1 bis 1 ½ cm große Stücke schneiden. In einer Pfanne 1 TL Öl erhitzen und die Garnelen darin bei milder Hitze rundum 1 bis 2 Minuten anbraten. Mit Chilisalz würzen und in vorgewärmten Suppentellern anrichten. Die Suppe darauf verteilen und nach Belieben mit knusprigen Brotwürfeln bestreuen.

WEISSE ZWIEBELSUPPE MIT OFFENEM GEMÜSESTRUDEL

Zutaten für 4 Personen

Für die Zwiebelsuppe:

400 g weiße Zwiebeln

¼ TL Zucker

75 ml trockener Weißwein

800 ml Hühnerbrühe

1–2 Lorbeerblätter

1 Knoblauchzehe (in Scheiben)

2 Scheiben Ingwer · 200 g Sahne

1–2 EL braune Butter (siehe S. 13)

20 g kalte Butter

frisch geriebene Muskatnuss

Salz · 1 Zweig Thymian

Für die Gemüsestrudel (12 Stück):

50 g Zucchini

½ rote Paprikaschote

2 große getrocknete Tomaten

(in Öl; ca. 30 g)

2 getrocknete Aprikosen (10–15 g)

50 g gekochter Hinterschinken

1 EL braune Butter

1 EL Petersilienblätter

(frisch geschnitten)

mildes Chilisalz

frisch geriebene Muskatnuss

50 g Frischkäse · 1 Ei

40 ml Milch

4 Strudelteigblätter (oder Filoteig;

à 30 x 30 cm; aus dem Kühlregal)

60 g flüssige Butter

Fett für die Form

Außerdem:

Öl zum Frittieren

8 frische Salbeiblätter

1 Für die Suppe die Zwiebeln schälen und in Streifen schneiden. Den Zucker in einem Topf bei milder Hitze hell karamellisieren. Die Zwiebelstreifen hinzufügen und andünsten, sie sollten dabei möglichst weich werden.

2 Mit Wein ablöschen und diesen einkochen lassen. Mit der Brühe auffüllen und die Lorbeerblätter sowie die Knoblauch- und Ingwerscheiben hineinlegen. Die Suppe knapp unter dem Siedepunkt 30 bis 45 Minuten ziehen lassen, bis die Zwiebeln weich sind. Die Brühe durch ein Sieb in einen hohen Rührbecher gießen. Die Zwiebeln dabei auffangen, Lorbeerblätter und Ingwer entfernen.

3 Etwa zwei Drittel der Zwiebeln zur Brühe in den Rührbecher geben, die restlichen Zwiebeln warm stellen. Sahne, braune Butter und kalte Butter mit in den Rührbecher geben und alles mit dem Stabmixer zu einer sämigen Suppe pürieren. Die Suppe zurück in den Topf geben, mit 1 Prise Muskatnuss und Salz würzen. Den Thymian einige Minuten in der Suppe ziehen lassen und anschließend wieder entfernen.

4 Für die Gemüsestrudel den Backofen auf 175 °C vorheizen. Die Zucchini waschen. Die Paprikaschote entkernen, waschen und schälen. Die getrockneten Tomaten abtropfen lassen. Zucchini, Paprika, Tomaten, Aprikosen und Schinken in möglichst kleine Würfel schneiden. Die braune Butter in einer Pfanne erhitzen und alles darin bei mittlerer Hitze andünsten. Die Petersilie dazugeben und die Füllung mit Chilisalz und 1 Prise Muskatnuss würzen.

5 Den Frischkäse, das Ei, die Milch, 1 Prise Muskatnuss und etwas Chilisalz in einem hohen Rührbecher mit dem Stabmixer aufschäumen. Den Strudelteig auf einer Arbeitsplatte auslegen. Ein Teigblatt mit flüssiger Butter bestreichen, ein weiteres Teigblatt darauflegen. Wiederholen, bis die 4 Strudelteigblätter übereinanderliegen.

6 Zwölf Kreise von je 8 cm Durchmesser ausstechen. Die Kreise in die gefetteten Mulden eines Mini-Muffinblechs (für 12 Muffins) legen und die Füllung darin verteilen. Jeweils mit Eiermilch auffüllen und die Mini-Strudel im Ofen etwa 20 Minuten backen.

7 Das Öl in einem Topf auf etwa 175 °C erhitzen. Die Salbeiblätter darin knusprig frittieren. Die Suppe nochmals kurz mit dem Stabmixer aufschäumen. Die übrigen Zwiebeln in vorgewärmte tiefe Teller verteilen, die Suppe darüberschöpfen und die Mini-Gemüsestrudel hineinsetzen. Mit den frittierten Salbeiblättern garnieren.

Fisch

Fisch

ZANDER AUF FENCHEL-KAROTTEN-BIRNEN-GEMÜSE

Zutaten für 4 Personen

Für das Fenchel-Karotten-Gemüse:
2 kleine Fenchelknollen
2 Karotten
150 ml Gemüsebrühe (siehe S. 11)
¼ TL Speisestärke
1 Knoblauchzehe (in Scheiben)
2 Scheiben Ingwer
½ Lorbeerblatt
1 TL Korianderkörner
¼ TL Zimtsplitter
*je 1 TL Fenchelgrün und Dillspitzen
(frisch geschnitten)*
*einige Blätter frischer Estragon
(frisch geschnitten)*
2 EL Butter
mildes Chilisalz
1 reife, aber feste rotschalige Birne
1–2 TL Puderzucker
1 festkochende Kartoffel
Fett zum Frittieren

Für den Zander:
*500 g Zanderfilet
(mit Haut, ohne Gräten)*
1–2 EL doppelgriffiges Mehl
1 EL Öl
mildes Chilisalz

Außerdem:
*frische Dillspitzen
einige Estragonblätter*

1 Für das Gemüse den Fenchel putzen und in einzelne Blätter teilen, diese waschen und in 2 bis 3 cm große Blätter schneiden. Die Karotten putzen, schälen und schräg in 2 bis 3 mm dicke Scheiben schneiden. Die Brühe in einem Topf erhitzen und die Fenchel- und Karottenscheiben darin bei milder Hitze bissfest garen. Dabei den Deckel so auflegen, dass ein Spalt offen bleibt.

2 Anschließend das Gemüse mit einem Schaumlöffel herausnehmen und beiseitestellen. Die Speisestärke mit wenig kaltem Wasser glatt rühren und in den heißen Gemüsefond geben, bis dieser leicht sämig bindet. Knoblauch, Ingwer und Lorbeerblatt hinzufügen und einige Minuten darin ziehen lassen.

3 Die Korianderkörner und Zimtsplitter in eine Gewürzmühle füllen oder beides im Mörser zerkleinern. Die Sauce vorsichtig mit den Gewürzen aus der Mühle würzen und die Kräuter hinzufügen. Zuletzt 1 EL Butter darin schmelzen lassen und mit Chilisalz abschmecken. Das Gemüse zurück in die Sauce setzen und darin warm halten.

4 Die Birne waschen, vierteln, entkernen und in Spalten schneiden. Den Puderzucker in einer Pfanne bei milder Hitze hell karamellisieren und die restliche Butter darin schmelzen. Die Birnenspalten darin auf beiden Seiten andünsten, bis zum Servieren warm halten.

5 Die Kartoffel schälen und waschen. Mit dem Sparschäler in Streifen schneiden, diese waschen und trocken tupfen. Reichlich Fett in einer Fritteuse auf 175 °C erhitzen. Die Kartoffelstreifen darin goldbraun frittieren, herausnehmen, auf Küchenpapier abtropfen lassen und mit Chilisalz würzen.

6 Für den Zander die Fischfilets waschen und trocken tupfen. In 8 gleich große Stücke schneiden, die Hautseite mit Mehl bestäuben und leicht andrücken. Das Öl in einer Pfanne erhitzen und die Filets darin bei mittlerer Hitze auf der Hautseite 3 bis 4 Minuten kross anbraten. Die Filets wenden, die Pfanne vom Herd nehmen und die Filets in der Nachhitze glasig durchziehen lassen. Herausnehmen, auf Küchenpapier abtropfen lassen und mit Chilisalz würzen.

7 Das Fenchel-Karotten-Gemüse mit der Sauce auf vorgewärmten Tellern anrichten und die Zanderfilets daraufsetzen. Die Birnenspalten und die Kartoffelstreifen dazulegen und alles mit Dillspitzen und Estragon garnieren.

ZANDER IM RÖSCHEN BREZENSTANGERL AUF PAPRIKAKRAUT

Zutaten für 4 Personen

Für den Zander:

4 Zanderfilets (à ca. 120 g;
ohne Haut und Gräten)
mildes Chilisalz
2 Laugenstangen (entsalzt;
vom Vortag)
2 EL Öl

Für das Paprikakraut:

je 2 gelbe und rote Paprikaschoten
3 EL Öl
½ Zwiebel
300 g Sauerkraut (aus der Dose)
4 EL Weißwein
200 ml Gemüsebrühe (siehe S. 11)
1 TL Paprikapulver (edelsüß)
½ TL schwarze Pfefferkörner
½ TL Korianderkörner
2 Wacholderbeeren
½ Lorbeerblatt
3 Frühlingszwiebeln
60 g Apfelmus
1 Knoblauchzehe (geschält und
halbiert)
Zucker
mildes Chilipulver
3 EL Butter

1 Für das Paprikakraut den Backofen auf Grillfunktion vorheizen. Die Paprikaschoten längs vierteln, waschen, entkernen und mit der Hautseite nach oben nebeneinander auf ein Backblech legen. Mit 1 bis 2 EL Öl bestreichen. Die Paprika auf der obersten Schiene im Ofen etwa 5 Minuten dunkel bräunen. Kurz abkühlen lassen, die Haut abziehen und die Paprika in Rauten schneiden.

2 Die Zwiebel schälen und in feine Würfel schneiden. 1 EL Öl in einem Topf erhitzen und die Zwiebeln darin bei milder Hitze andünsten. Sauerkraut dazugeben und andünsten. Mit Wein ablöschen, kurz einköcheln lassen. Mit der Brühe aufgießen und das Kraut etwa 30 Minuten bei milder Hitze schmoren.

3 Währenddessen das Paprikapulver mit wenig kaltem Wasser anrühren. Pfeffer, Koriander und Wacholder in ein Gewürzsäckchen füllen und dieses verschließen. Nach 30 Minuten Garzeit das angerührte Paprikapulver, die Paprikarauten, das Lorbeerblatt und das Gewürzsäckchen zum Sauerkraut geben und alles noch 15 Minuten garen.

4 Die Frühlingszwiebeln putzen, waschen und schräg in Ringe schneiden. Am Ende der Garzeit das Apfelmus mit Frühlingszwiebeln und Knoblauch zum Sauerkraut geben. Den Knoblauch einige Minuten mit ziehen lassen, danach, ebenso wie das Gewürzsäckchen, wieder entfernen. Mit Salz sowie je 1 Prise Zucker und Chilipulver abschmecken und warm halten.

5 Für den Zander die Fischfilets waschen, trocken tupfen und mit Chilisalz würzen. Die Laugenstangen längs in möglichst dünne Scheiben schneiden, dabei die spitzen Enden entfernen. Je 2 bis 3 Laugenstangenscheiben leicht überlappend längs aufeinander legen. Die Fischfilets darauflegen und in den Scheiben einschlagen. Die Enden der Laugenscheiben sollten dabei maximal 2 cm überlappen, gegebenenfalls abschneiden.

6 Das Öl in einer Pfanne erhitzen und die Fischpäckchen darin bei milder Hitze auf der Nahtseite goldbraun anbraten. Wenden, nochmals goldbraun anbraten, auf die Seiten stellen und diese ebenfalls goldbraun anbraten. Die Pfanne vom Herd nehmen und die Fischpäckchen in der Nachhitze noch 2 Minuten ziehen lassen. Je nach Dicke der Filets gegebenenfalls noch ein paar Minuten bei 100 °C im vorgeheizten Backofen nachziehen lassen.

7 Das Paprikakraut auf vorgewärmte Teller verteilen und den Zander im Brezenstangerl darauf anrichten.

KRAUTWICKERL VON HECHT UND FORELLE AUF KÜRBISSAUCE

1 Für die Kürbissauce Pfeffer-, Koriander- und Pimentkörner sowie Zimt in eine Gewürzmühle füllen. Die Paprikaschote längs vierteln, entkernen und waschen, mit dem Sparschäler schälen und anschließend klein schneiden. Den Kürbis schälen, die Kerne entfernen und das Kürbisfleisch in 1 cm große Würfel schneiden.

2 Kürbis und Paprika in der Brühe mit Knoblauch und Ingwer etwa 20 Minuten knapp unter dem Siedepunkt weich garen. Kurkuma und Räucherpaprika hinzufügen, leicht mit den Gewürzen aus der Mühle würzen und alles mit dem Stabmixer pürieren. Die kalte Butter unterrühren und die Sauce salzen, gegebenenfalls noch etwas nachwürzen.

3 Für die Fischfarce Anissamen, Pfeffer- und Korianderkörner in eine Gewürzmühle füllen. Das Hechtfilet waschen, trocken tupfen und in Würfel schneiden. Mit Salz und Pfeffer würzen und etwa 5 Minuten in das Tiefkühlfach stellen. Dann die eiskalten Fischwürfel im Blitzhacker mit 100 g eiskalter Sahne, Senf, Chilisalz, Muskatnuss und den Gewürzen aus der Mühle pürieren, bis eine Bindung entstanden ist. Die restliche Sahne in zwei Portionen untermixen, die Farce sollte glatt und glänzend sein. Zum Schluss Dill und Estragon dazugeben, die Farce in eine Schüssel füllen und bis zum Gebrauch kühl stellen.

4 Für die Krautwickerl vom Kohl die äußeren Blätter und den Strunk entfernen. Vorsichtig 4 große Blätter ablösen, waschen und abtropfen lassen, die harten Blattrippen aus der Mitte herausschneiden. Die Blätter in Salzwasser etwa 2 Minuten blanchieren, in ein Sieb abgießen, kalt abschrecken und abtropfen lassen. Die Lachsforellenfilets waschen, trocken tupfen und mit Chilisalz würzen.

5 Je 2 halbe Kohlblätter auf einem Küchentuch leicht übereinanderlegen, mit einem Küchentuch bedecken und mit dem Nudelholz darüberrollen, sodass die Blätter aneinander haften bleiben. Die Farce entlang der Mitte etwa 7 cm breit darauf verteilen. Die Lachsforellenfilets auf die Farce setzen und mit der übrigen Farce bestreichen. Die Längsseiten der Blätter einschlagen und die Blätter von der schmalen Seite her aufrollen. Die Krautwickerl zuerst in Frischhaltefolie, dann in Alufolie wickeln.

6 Die Krautwickerl in etwa 75 °C heißem Wasser 15 bis 20 Minuten saftig durchziehen lassen. Aus der Folie wickeln, mit brauner Butter bestreichen und mit Chilisalz würzen.

7 Die Sauce nochmals erwärmen, auf vorgewärmte Teller verteilen und die Krautwickerl daraufsetzen. Dazu passen Salzkartoffeln.

Zutaten für 4 Personen

Für die Kürbissauce:
je 1 TL schwarze Pfeffer-,
Koriander- und Pimentkörner
¼ – ½ TL Zimtsplitter
1 rote Paprikaschote
300 g Butternut- oder
Muskatkürbis
¼ l Hühnerbrühe
1 kleine Knoblauchzehe
(in Scheiben)
1 Scheibe Ingwer
½ TL gemahlene Kurkuma
¼ TL Räucherpaprika
(Piment La Vera picante)
40 g kalte Butter · Salz

Für die Fischfarce und
die Krautwickerl:
je 1 TL Anissamen, schwarze
Pfeffer- und Korianderkörner
200 g Hechtfilet (ohne Haut und
Gräten; gut gekühlt)
Salz · Pfeffer aus der Mühle
200 g eiskalte Sahne
1–2 TL scharfer Senf
mildes Chilisalz
frisch geriebene Muskatnuss
1–2 TL Dillspitzen
(frisch geschnitten)
1 TL Estragonblätter
(frisch geschnitten)
1 Kopf junger Weiß- oder Spitzkohl
Salz
4 Lachsforellenfilets (à 70–80 g;
ohne Haut und Gräten)
2 EL flüssige braune Butter
(siehe S. 13)

FISCHPFLANZERL
AUF LAUCH-CHAMPIGNON-GEMÜSE

Zutaten für 4 Personen

Für die Fischpflanzerl:

50 g Weißbrot (entrindet)
50 ml Milch
½ Bund Frühlingszwiebeln
je 250 g Hecht- und Zanderfilet
(ohne Haut und Gräten)
1 Eigelb
Salz · Pfeffer aus der Mühle
½ TL Currypulver
½ TL gehackter Ingwer
½ gehackte Knoblauchzehe
½ TL abgeriebene unbehandelte
Zitronenschale
1 Spritzer Zitronensaft
Weißbrotbrösel zum Wenden
4 EL Öl

Für das Lauch-Champignon-Gemüse:

120 g kleine feste Champignons
1 kleine Stange Lauch · Salz
70 ml Gemüsebrühe (siehe S. 11)
50 g Sahne
1 EL Sahnemeerrettich (siehe S. 18)
20 g kalte Butter · mildes Chilisalz
½ TL abgeriebene unbehandelte
Zitronenschale
frisch geriebene Muskatnuss

1 Für die Fischpflanzerl das Weißbrot in kleine Würfel schneiden und in der Milch einweichen. Die Frühlingszwiebeln putzen, waschen und in Ringe schneiden. Die Fischfilets waschen, trocken tupfen und durch den Fleischwolf drehen. Die Fischmasse mit dem Eigelb, dem eingeweichten Weißbrot und den Frühlingszwiebeln mischen. Mit Salz, Pfeffer, Currypulver, Ingwer, Knoblauch, Zitronenschale und Zitronensaft würzen.

2 Die Fischmasse mit angefeuchteten Händen zu kleinen Pflanzerln formen und in den Weißbrotbröseln wenden. Das Öl in einer Pfanne erhitzen und die Fischpflanzerl darin bei milder Hitze auf beiden Seiten goldbraun braten, auf Küchenpapier abtropfen lassen. Die Fischpflanzerl warm halten.

3 Für das Lauch-Champignon-Gemüse die Pilze sorgfältig putzen, falls nötig, mit Küchenpapier trocken abreiben, und in 3 bis 5 mm dicke Scheiben scheiden. Den Lauch putzen, waschen und in etwa 1 cm breite Streifen schneiden. Etwas Salzwasser in einem Topf aufkochen und die Lauchstreifen darin einige Minuten bissfest kochen. In ein Sieb abgießen, kalt abschrecken und abtropfen lassen.

4 Die Brühe in einem Topf mit der Sahne und dem Sahnemeerrettich erhitzen, die kalte Butter hineinrühren und die Sauce mit etwas Chilisalz würzen. Die Lauchstreifen und die Pilzscheiben kurz in der Sauce erhitzen und mit der Zitronenschale und etwas Muskatnuss würzen.

5 Das Lauch-Champignon-Gemüse auf vorgewärmte Teller verteilen und die Fischpflanzerl darauf anrichten.

MEIN TIPP:

Um den Geschmack der Pflanzerl zu prüfen, sollte man aus der Masse am besten zunächst ein Probepflanzerl braten und gegebenenfalls noch etwas nachwürzen. Dank der Weißbrotbrösel werden die Pflanzerl außen knusprig und bleiben dabei innen saftig. Damit sie gleichmäßig bräunen, muss genügend Fett in der Pfanne sein, zwischendurch wird deshalb, falls nötig, noch etwas Fett nachgegeben.

BRATHERING
AUF KARTOFFEL-APFEL-GRÖSTL

Für die Bratheringe:
1 Zwiebel (ca. 150 g)
1 EL Puderzucker
110 ml milder Weißweinessig
½ l Gemüsebrühe (siehe S. 11)
1 Lorbeerblatt
je 1 TL Senfkörner, Wacholder-
beeren, Koriander-, Piment- und
schwarze Pfefferkörner
1 kleine frische Chilischote
je 1 EL Dillspitzen und Petersilien-
blätter (frisch geschnitten)
1 Knoblauchzehe (in Scheiben)
2 Scheiben Ingwer
25 g Salz · 10 g Zucker
8 Heringsfilets (à ca. 50 g;
mit Haut, ohne Gräten)
4 EL doppelgriffiges Mehl
2–3 EL Öl

Für das Kartoffel-Apfel-Gröstl:
500 g kleine festkochende
Kartoffeln
Salz · 1 TL ganzer Kümmel
1 mittelgroßer Apfel (z. B. Elstar)
½ weiße Zwiebel · 1–2 EL Öl
Pfeffer aus der Mühle
mildes Chilisalz
gemahlener Kümmel
frisches Bohnenkraut

Für den Dilljoghurt:
200 g Rahmjoghurt
½ TL Dijon-Senf
1 EL Dillspitzen (frisch geschnitten)
Salz · Pfeffer aus der Mühle
Zucker

1 Für die Bratheringe die Zwiebel schälen und in feine Streifen schneiden. Den Puderzucker in einem Topf bei milder Hitze hell karamellisieren, die Zwiebeln darin andünsten und mit dem Essig ablöschen. Mit der Brühe auffüllen, das Lorbeerblatt hineinlegen, die ganzen Gewürze und die Chilischote dazugeben und den Gewürzsud einmal aufkochen lassen.

2 Dill, Petersilie, Knoblauch und Ingwer hinzufügen und die Marinade vom Herd nehmen. Mit Salz und Zucker kräftig abschmecken. Die Marinade in eine flache Form füllen und kurz abkühlen lassen. Davon 2 bis 3 EL abnehmen und für den Dilljoghurt zugedeckt im Kühlschrank aufbewahren.

3 Die Heringsfilets waschen, trocken tupfen und schräg halbieren. Die Hautseiten jeweils mit Mehl bestäuben und andrücken. Das Öl in einer Pfanne erhitzen und die Filets darin auf der Hautseite bei mittlerer Hitze anbraten. Anschließend mit der Haut nach oben in die Marinade legen und darin zugedeckt im Kühlschrank mindestens 1 bis 2 Stunden, besser über Nacht ziehen lassen (je länger die Filets ziehen, desto weicher werden die Gräten).

4 Für das Gröstl die Kartoffeln waschen und mit der Schale in Salzwasser mit dem Kümmel etwa 15 Minuten weich garen. Die Kartoffeln abgießen, kurz ausdampfen lassen, möglichst heiß pellen und in ½ bis 1 cm dicke Scheiben schneiden. Den Apfel schälen, vierteln, entkernen und in Würfel schneiden. Die Zwiebelhälfte schälen und in sehr feine Würfel schneiden.

5 Das Öl in einer großen Pfanne erhitzen und die Kartoffelscheiben darin goldbraun anbraten. Die Zwiebelwürfel dazugeben, kurz mitbraten und alles mit Salz und Pfeffer, Chilisalz sowie je 1 Prise Kümmel und Bohnenkraut würzen. Gegen Ende der Garzeit die Apfelwürfel unterheben und noch etwas mitbraten, das Gröstl warm halten.

6 Für den Dilljoghurt den Joghurt mit der abgenommenen Marinade und dem Senf glatt rühren. Den Dill hineinrühren und alles mit Salz, Pfeffer und 1 Prise Zucker abschmecken.

7 Den Dilljoghurt auf Teller verteilen und das Kartoffel-Apfel-Gröstl darauf anrichten. Die Heringsfiletstücke aus der Marinade nehmen, mit Küchenpapier abtupfen und dazulegen, nach Belieben mit Dillspitzen garnieren.

GEBACKENER WALLER
MIT SENFGURKEN-INGWER-REMOULADE

1 Für den Waller die Pfeffer- und Korianderkörner in eine Gewürz-mühle füllen. Die Eier trennen. Das Mehl mit dem Bier und den Eigelben glatt rühren, mit den Gewürzen aus der Mühle würzen und zuletzt die braune Butter unterrühren. Die Eiweiße mit 1 Prise Salz zu cremigem Schnee schlagen. Den Eischnee locker und gleichmäßig unter den Teig heben.

2 Die Wallerfilets waschen, trocken tupfen und in 8 gleich große Stücke teilen. Mit Chilisalz würzen und mit Zitronensaft beträufeln. Das Mehl in einen tiefen Teller streuen.

3 Für die Remoulade die Senfgurken abtropfen lassen und in etwa ½ cm große Stücke schneiden. Den Ingwer und die Kapern abtropfen lassen und klein hacken. Das Ei pellen und ebenfalls klein hacken. Den Rahmjoghurt mit dem Senfgurken-Einlegefond und dem Senf glatt rühren. Senfgurken, Ingwer, Kapern, Ei, Zitronenschale und Dill dazugeben. Die Remoulade mit Salz und Chilipulver würzen.

4 Zum Frittieren reichlich Öl in der Fritteuse oder in einem Topf auf 170 °C erhitzen. Die Filets zunächst im Mehl wenden und dann durch den Bierteig ziehen. Die Fischstücke im heißen Öl 4 bis 5 Minuten goldbraun ausbacken, dabei einmal wenden. Herausnehmen und auf Küchenpapier abtropfen lassen.

5 Die ausgebackenen Wallerfilets auf vorgewärmten Tellern anrich-ten und die Senfgurken-Ingwer-Remoulade danebenen verteilen. Nach Belieben mit Karottengemüse, buntem Gemüse, Salzkartoffeln oder Salat servieren.

Zutaten für 4 Personen

Für den gebackenen Waller:
je 1 EL schwarze Pfeffer- und Korianderkörner
2 Eier · 100 g Mehl
150 ml Bier
4 EL braune Butter (siehe S. 13)
Salz · 500 g Wallerfilet
(ohne Haut und Gräten)
mildes Chilisalz · Zitronensaft
Mehl zum Wenden
Öl zum Frittieren

Für die Senfgurken-Ingwer-Remoulade:
70 g eingelegte Senfgurkenscheiben
(siehe S. 24)
1 EL eingelegte Ingwerscheiben
(siehe S. 22)
1 EL Kapern · 1 hart gekochtes Ei
200 g Rahmjoghurt
1–2 EL Senfgurken-Einlegefond
(siehe S. 24)
1 TL scharfer Senf
1 Msp. abgeriebene unbehandelte Zitronenschale
1 EL Dillspitzen (frisch geschnitten)
Salz · mildes Chilipulver

MEIN TIPP:

Da der Bierteig seine Luftigkeit durch den Eischnee erhält, sollte der Teig nicht zu lange stehen und möglichst schnell verarbeitet werden. Das Eiweiß sollten Sie nicht allzu steif schlagen und anschließend sofort unter die bereits vorbereitete Mehlmasse heben.

GEGRILLTER WALLER AUF PAPRIKAFOND

Zutaten für 4 Personen

Für den Paprikafond:
1 weiße Zwiebel · je 1 gelbe und rote Paprikaschote · 1–2 TL Öl ½ l Gemüsebrühe (siehe S. 11) 1 Lorbeerblatt · 1 Frühlingszwiebel 1 kleine Knoblauchzehe (in Scheiben) ½ ausgekratzte Vanilleschote 1 Zimtstange · ganzer Kümmel 1 Msp. abgeriebene unbehandelte Zitronenschale · getrockneter Majoran · mildes Chilisalz

Für die Kartoffelwürfel:
2 mittelgroße festkochende Kartoffeln · Salz · 1 Lorbeerblatt 1 kleine getrocknete rote Chilischote 1 EL braune Butter (siehe S. 13) Pfeffer aus der Mühle

Für den Waller:
4 Wallerfilets (à ca. 100 g; ohne Haut und Gräten) 1 TL braune Butter · 1–2 EL Butter 2–3 Scheiben Knoblauch ganzer Kümmel · getrockneter Majoran · mildes Chilisalz

Für den Kräutersalat:
1 TL Zitronensaft · 1 Msp. abgeriebene unbehandelte Zitronenschale 1 EL mildes Olivenöl · Zucker mildes Chilisalz · 20 g gemischte Kräuterblätter (z. B. Petersilie, Basilikum, Kerbel, Dill, Gartenkresse, Minze; frisch geschnitten)

1 Für den Paprikafond die Zwiebel schälen und in sehr feine Würfel schneiden. Die Paprika längs halbieren, entkernen und waschen. Mit dem Sparschäler schälen und in 1 bis 1½ cm große Rauten schneiden.

2 Das Öl in einer Pfanne erhitzen und die Zwiebel- und Paprikastücke darin bei mittlerer Hitze andünsten. Mit der Brühe aufgießen, das Lorbeerblatt hinzufügen und das Gemüse knapp unter dem Siedepunkt etwa 10 Minuten bissfest garen.

3 Die Frühlingszwiebel putzen, waschen und grob in Ringe schneiden. Mit Knoblauchscheiben, Vanilleschote und Zimtstange zum Paprikagemüse dazugeben und einige Minuten ziehen lassen. Mit 1 Prise Kümmel, Zitronenschale, 1 Prise Majoran und etwas Chilisalz würzen. Die ganzen Gewürze anschließend wieder entfernen.

4 Die Kartoffeln schälen, waschen und in 6 bis 8 mm große Würfel schneiden. In Salzwasser mit dem Lorbeerblatt und der Chilischote knapp 20 Minuten bissfest ziehen lassen. Die Kartoffelwürfel mit dem Schaumlöffel herausnehmen, vorsichtig abtropfen lassen und mit Küchenpapier trocken tupfen. Die braune Butter in einer Pfanne erhitzen und die Kartoffelwürfel darin bei mittlerer Hitze goldbraun braten. Herausnehmen, auf Küchenpapier abtropfen lassen, mit Salz und Pfeffer würzen und warm halten.

5 Für den Waller die Filets waschen und trocken tupfen. Die braune Butter mit einem Pinsel in einer Grillpfanne verteilen und die Wallerfilets darin bei mittlerer Hitze auf einer Seite etwa 3 Minuten anbraten, wenden und auf der anderen Seite noch 2 Minuten weiterbraten. Die Pfanne vom Herd nehmen und die Wallerfilets in der Nachhitze saftig durchziehen lassen.

6 Die Butter in einer Pfanne bei milder Hitze erwärmen. Die Knoblauchscheiben sowie je 1 Prise Kümmel und Majoran hinzufügen, einige Minuten in der Butter ziehen lassen und die Wallerfilets darin wenden. Bis zum Servieren warm halten.

7 Für den Kräutersalat Zitronensaft und -schale und das Öl zu einem Dressing mischen und mit 1 Prise Zucker und etwas Chilisalz würzen. Die Kräuterblätter damit marinieren.

8 Das Paprikagemüse samt Fond wieder erwärmen, in vorgewärmte tiefe Teller verteilen und die krossen Kartoffelwürfel hineinstreuen. Die gegrillten Wallerfilets mittig daraufsetzen und jeweils mit etwas Kräutersalat darauf anrichten.

FORELLENFILETS BLAU GEGART AUF KARTOFFEL-INGWER-SALAT

Zutaten für 4 Personen

Für den Kartoffel-Ingwer-Salat:
1 kg vorwiegend festkochende
Kartoffeln · Salz
½ EL ganzer Kümmel
450 ml Gemüsebrühe (siehe S. 11)
3 EL Weißweinessig
1 EL scharfer Senf
Pfeffer aus der Mühle
mildes Chilipulver · Zucker
1 kleine Zwiebel
40 g eingelegte Ingwerscheiben
und 2 EL Einlegefond (siehe S. 22)
2 EL braune Butter (siehe S. 13)

Für die Frühlingszwiebeln:
12 dünne Frühlingszwiebeln
Salz · 50 ml Gemüsebrühe
1–2 TL braune Butter
mildes Chilisalz

Für die Forellenfilets:
1 l Gemüsebrühe
5 Scheiben Ingwer
1 TL Wacholderbeeren (angedrückt)
1 TL schwarze Pfefferkörner
1 Lorbeerblatt · je 2 Stiele Dill und
Petersilie · 100 ml Weißweinessig
4 große frische Forellenfilets
(à ca. 100 g; mit Haut, ohne Gräten)

Für die Schnittlauchsauce:
1 EL Puderzucker
100 ml trockener Weißwein
¼ l Gemüsebrühe · 100 g Sahne
2 TL Speisestärke · 1 EL kalte
Butter · Salz · mildes Chilipulver
2 EL Schnittlauchröllchen

1 Für den Kartoffel-Ingwer-Salat die Kartoffeln waschen und mit der Schale in Salzwasser mit dem Kümmel weich garen. Die Kartoffeln abgießen, kurz ausdampfen lassen, möglichst heiß pellen und in 4 bis 5 mm dicke Scheiben schneiden.

2 Für das Dressing 350 ml Brühe in einem Topf erhitzen, mit Essig und Senf verrühren und mit Salz und Pfeffer sowie je 1 Prise Chilipulver und Zucker würzen. Eine Handvoll Kartoffelscheiben hinzufügen und alles mit dem Stabmixer pürieren. Das Dressing nach und nach unter die restlichen warmen Kartoffelscheiben mischen, bis die Flüssigkeit vollständig aufgesogen ist.

3 Die Zwiebel schälen und in feine Würfel schneiden. 100 ml Brühe in einer Pfanne erhitzen und die Zwiebel darin dünsten, bis die Flüssigkeit verdampft ist. Den Ingwer abtropfen lassen und klein schneiden. Die braune Butter und die gedünsteten Zwiebeln mit dem Ingwer und dem Ingwereinlegefond unter den Kartoffelsalat mischen.

4 Die Frühlingszwiebeln putzen und waschen, das dunkle Grün abschneiden und anderweitig verwenden. Die Frühlingszwiebeln in Salzwasser 2 bis 3 Minuten blanchieren, in ein Sieb abgießen, kalt abschrecken und abtropfen lassen. Zum Servieren in der Brühe erhitzen, die braune Butter dazugeben und mit Chilisalz würzen.

5 Für die Forelle die Brühe mit Ingwer, Wacholderbeeren, Pfefferkörnern und Lorbeerblatt in einem Topf erhitzen, Dill- und Petersilienstiele dazugeben. Den Sud aufkochen, vom Herd nehmen und den Essig dazugießen, auf 80 bis 90 °C abkühlen lassen. Die Forellenfilets waschen, trocken tupfen, in den Sud legen und darin etwa 5 Minuten saftig durchziehen lassen. Herausnehmen und warm halten.

6 Für die Schnittlauchsauce den Puderzucker in einem Topf bei mittlerer Hitze hell karamellisieren, mit Wein ablöschen und auf ein Drittel einköcheln lassen. Mit der Brühe auffüllen, 1 bis 2 Minuten köcheln, die Sahne dazugeben und einmal aufkochen. Die Speisestärke mit wenig kaltem Wasser glatt rühren und nach und nach in die köchelnde Sauce geben, bis diese sämig bindet. Die kalte Butter mit dem Stabmixer unterrühren und die Sauce mit Salz und 1 Prise Chilipulver würzen. Zuletzt den Schnittlauch dazugeben.

7 Den Kartoffel-Ingwer-Salat auf vorgewärmten Tellern anrichten und je 3 Frühlingszwiebeln längs darauflegen. Je 1 Forellenfilet daraufsetzen, die warme Schnittlauchsauce darum herumträufeln und nach Belieben mit Dill und Schnittlauch garnieren.

FORELLE IN FOLIE
MIT KRÄUTERKARTOFFELN

Zutaten für 4 Personen

Für die Forelle:

4 Forellen (à ca. 300 g;
küchenfertig)
Salz · Pfeffer aus der Mühle
4 Stiele Petersilie · 4 Stiele Dill
4 EL warme braune Butter
(siehe S. 13)
30 g kalte Butter
4 Scheiben Ingwer
4 Scheiben Knoblauch
4 Scheiben unbehandelte Zitrone
(je ca. ½ cm dick)

Für die Kräuterkartoffeln:

500 g festkochende Mini-Kartoffeln
Salz · ½ TL ganzer Kümmel
100 ml Gemüsebrühe (siehe S. 11)
2 EL bayerisches Pesto (siehe S. 17)
1 EL kalte Butter
mildes Chilisalz

1 Die Forellen innen und außen waschen, trocken tupfen und mit Salz und Pfeffer würzen. Die Petersilien- und Dillstiele waschen und trocken schütteln. Den Backofen auf 160 °C vorheizen.

2 Für jeden Fisch einen Bogen Alufolie mit warmer brauner Butter bestreichen. Die Forellen jeweils mittig auf die Folien legen und die kalte Butter in Flöckchen darauf verteilen. Die Ingwer-, Knoblauch- und Zitronenscheiben sowie die Petersilien- und Dillstiele gleich- mäßig auf die Bauchhöhlen der Forellen verteilen. Die Alufolie über den Fischen zusammenfalten und verschließen.

3 Die Forellen in der Folie auf ein Backblech setzen und im Ofen auf der mittleren Schiene etwa 30 Minuten garen. Die Fische sind gar, wenn sich die Rückenflosse jeweils herausziehen lässt.

4 Inzwischen die Mini-Kartoffeln waschen und mit der Schale in Salzwasser mit dem Kümmel weich garen. Die Kartoffeln abgießen, kurz ausdampfen lassen und möglichst heiß pellen. Die Brühe in einem Topf erhitzen, das Pesto unterrühren und die Kartoffeln in der Kräuterbrühe wenden. Die kalte Butter dazugeben und die Kräuter- kartoffeln mit Chilisalz würzen.

5 Die Forellen in den geöffneten Folien servieren oder nach Belieben auf vorgewärmten Tellern anrichten. Die Kräuterkartoffeln und nach Belieben einige Zitronenspalten dazu reichen.

MEIN TIPP:

Zum Beträufeln der Forellen mit Zitronensaft bei Tisch eignen sich Zitronenspalten besser als Zitronenscheiben. Am besten die Spitzen der Zitrone oben und unten abschneiden, dann in Spalten schneiden. So sind sie besonders handlich.

RÄUCHERSAIBLING MIT SPARGEL AUF MEERRETTICH-SENF-RAHM

1 Für den Meerrettich-Senf-Rahm den Rahmjoghurt mit dem Sahnemeerrettich, den beiden Senfsorten, dem Apfelmus und der Sahne glatt rühren. Die Orangenschale hinzufügen und die Sauce mit Salz und 1 Prise Chilipulver abschmecken.

2 Für die Spargelsuppe den Spargel waschen. Den weißen Spargel ganz, den grünen nur im unteren Drittel schälen, dabei die holzigen Enden jeweils abschneiden. Den Spargel längs halbieren und schräg in 4 bis 5 cm lange Stücke schneiden. Die Brühe in einem Topf aufkochen. Die Spargelstücke darin knapp unter dem Siedepunkt 8 Minuten weich garen. Dabei den Deckel so auflegen, dass ein Spalt offen bleibt.

3 Den Spargel in ein Sieb abgießen, dabei den Sud auffangen. Den Sud in einen hohen Rührbecher geben, die Spargelstücke warm halten. Den Essig zum Sud geben, mit Salz und je 1 Prise Chilipulver und etwas Zucker würzen und das Öl mit dem Stabmixer unterrühren.

4 Die Radieschen putzen, waschen und in feine Scheiben hobeln oder schneiden. Die warmen Spargelstücke und die Radieschenscheiben mit der Vinaigrette marinieren, den Schnittlauch darüberstreuen und alles gegebenenfalls nochmals nachwürzen.

5 Für den Saibling den Backofen auf 70 °C vorheizen. Die Saiblingsfilets häuten und die kleinen Stehgräten mit einer Pinzette entfernen. Die Fischfilets auf ein Backblech legen und im Backofen 10 bis 15 Minuten erwärmen.

6 Den Meerrettich-Senf-Rahm auf vorgewärmte Teller verteilen, den Spargel gegebenenfalls etwas abtropfen lassen und dazugeben. Die Räuchersaiblingsfilets in größere Stücke teilen und darauf anrichten.

Zutaten für 4 Personen

Für den Meerrettich-Senf-Rahm:
200 g Rahmjoghurt
1 EL Sahnemeerrettich (siehe S. 18)
2 TL Dijon-Senf (ersatzweise Schalottensenf; siehe S. 14)
2 TL süßer Senf
1 EL Apfelmus (ersatzweise geriebener Apfel)
2–3 EL Sahne
1 Msp. abgeriebene unbehandelte Orangenschale
Salz · mildes Chilipulver

Für den Spargel:
je ½ Bund weißer und grüner Spargel
100 ml Gemüsebrühe (siehe S. 11)
1 EL milder Weißweinessig
Salz · mildes Chilipulver
Zucker · 3 EL mildes Salatöl
4 Radieschen
1 EL Schnittlauchröllchen

Außerdem:
6 geräucherte Saiblingsfilets (à ca. 100 g; mit Haut)

Fisch

GEFÜLLTER BACHSAIBLING MIT APFELMEERRETTICH

Zutaten für 4 Personen

Für die Kartoffel-Dill-Sauce:

1 kleine mehligkochende Kartoffel
¼ l Gemüsebrühe (siehe S. 11)
1 kleines Lorbeerblatt · 1 kleine getrocknete rote Chilischote
je 1 Scheibe Knoblauch und Ingwer
50 g Sahne · 1 EL kalte Butter
1 EL braune Butter (siehe S. 13)
Salz · mildes Chilipulver
1 Msp. abgeriebene unbehandelte Zitronenschale · 2 TL Dillspitzen (frisch geschnitten)

Für die Kartoffelwürfel:

1 festkochende Kartoffel
1 EL braune Butter
mildes Chilisalz

Für den Saibling:

4 dicke Saiblingsfilets (je ca. 50 g und ca. 5 cm lang; ohne Haut und Gräten) · 1 Apfel · 1 Spritzer Zitronensaft · 2 TL frisch geriebener Meerrettich · Zucker Zimtpulver · mildes Chilisalz 1 EL warme braune Butter Öl für die Folie · Butter fürs Blech

Für die Brotchips:

1 Baguette (vom Vortag) · 2–3 EL Olivenöl · 1 TL getr. Thymian

1 Für die Sauce die Kartoffel schälen, waschen und in ½ cm große Würfel schneiden (ca. 60 g Würfel). Die Kartoffelwürfel in der Brühe mit dem Lorbeerblatt und der Chilischote knapp unter dem Siedepunkt etwa 20 Minuten weich ziehen lassen. Nach 1 Minute die Knoblauch- und die Ingwerscheibe hinzufügen.

2 Lorbeerblatt, Chili, Knoblauch und Ingwer wieder entfernen und die Kartoffeln mit der Brühe und Sahne mit dem Stabmixer pürieren. Die kalte und die braune Butter hineinmixen und alles mit Salz, 1 Prise Chilipulver und der Zitronenschale abschmecken. Zum Schluss den Dill hineinrühren und bis zum Servieren warm halten.

3 Für die Kartoffelwürfel die Kartoffel schälen und in 6 bis 8 mm große Würfel schneiden. Die braune Butter in einer Pfanne erhitzen und die Kartoffelwürfel darin bei milder Hitze goldbraun braten. Mit Chilisalz würzen und warm stellen.

4 Für den Saibling den Backofen auf 80 °C vorheizen. Die Saiblingfilets waschen, trocken tupfen und quer so durchschneiden, dass die Hälften an der Längsseite noch zusammenhängen. Zwischen zwei Lagen geölter Frischhaltefolie leicht flach klopfen.

5 Für die Füllung den Apfel schälen, vierteln, entkernen und grob raspeln. Mit Zitronensaft und Meerrettich mischen und mit 1 Prise Zucker und 1 kleinen Prise Zimt würzen. Die Saiblingsscheiben auf der Außenseite mit Chilisalz würzen, jeweils mit Apfelmeerrettich bestreichen und aufrollen. Die Saiblingsröllchen mit der runden Seite auf ein gebuttertes Backblech setzen, mit Frischhaltefolie bedecken und im Ofen 25 Minuten saftig durchziehen lassen. Anschließend herausnehmen, mit brauner Butter betupfen und warm halten.

6 Für die Brotchips das Baguette schräg in hauchdünne Scheiben schneiden, mit Öl bestreichen und in einer Pfanne bei mittlerer Hitze auf beiden Seiten goldbraun braten. (Oder auf einem mit Backpapier belegten Backblech im Ofen bei 70 °C Umluft je nach Dicke etwa 15 Minuten goldbraun backen.) Die Brotchips mit Thymian würzen.

7 Die Sauce mit dem Stabmixer nochmals aufschäumen und in vorgewärmte tiefe Teller verteilen, die Kartoffelwürfel dazugeben. Die Saiblingsröllchen halbieren und daraufsetzen. Mit den Brotchips belegen und mit Dill bestreuen und nach Belieben mit einem Kräutersträußchen garnieren.

RENKE AUF GEWÜRZTOMATEN MIT SAFRAN-ZITRONEN-DIP

Zutaten für 4 Personen

Für den Safran-Zitronen-Dip:
8 Safranfäden · 3 EL warme
Gemüsebrühe (siehe S. 11)
150 g Rahmjoghurt
1–2 TL Zitronensaft
1 Msp. abgeriebene unbehandelte
Zitronenschale
½ geriebene Knoblauchzehe
½ TL geriebener Ingwer
Salz · mildes Chilipulver

Für die Renken:
4 Renken (à ca. 300 g;
küchenfertig)
Salz · 4 Stiele Petersilie
5 Streifen unbehandelte Zitronen-
schale · doppelgriffiges Mehl
zum Wenden
6 EL Öl · 2 EL Butter
2 EL braune Butter (siehe S. 13)
1 Knoblauchzehe (in Scheiben)
2 Scheiben Ingwer
1 Zweig Thymian
Pfeffer aus der Mühle
1 EL Petersilienblätter
(frisch geschnitten)
Zitronensaft zum Beträufeln

Für die Grilltomaten:
500 g Tomaten
4 EL mildes Olivenöl
2 Knoblauchzehen
(in dünnen Scheiben)
½ ausgekratzte Vanilleschote
2 Scheiben Ingwer
5 grüne Kardamomkapseln
(angedrückt) · mildes Chilisalz

1 Für den Dip die Safranfäden in die warme Brühe geben und darin 5 Minuten ziehen lassen. Dann den Rahmjoghurt mit der Safranbrühe verrühren und mit Zitronensaft und -schale, Knoblauch, Ingwer, Salz und 1 Prise Chilipulver würzen. Zugedeckt im Kühlschrank 30 Minuten ziehen lassen und gegebenenfalls nochmals nachwürzen.

2 Den Backofen auf 100 °C vorheizen. Die Renken innen und außen waschen und trocken tupfen. Die Bauchhöhlen der Renken salzen und mit je 1 Petersilienstiel und 1 Streifen Zitronenschale füllen. Etwas Mehl auf einen Teller geben und die Renken darin wenden.

3 Das Öl in einer großen Pfanne erhitzen und die Renken darin bei milder Hitze auf beiden Seiten anbraten. Die Renken herausnehmen, kurz abtropfen lassen und auf ein mit Backpapier belegtes Backblech geben. Im Ofen auf der mittleren Schiene etwa 15 Minuten saftig durchziehen lassen.

4 Das übrige Bratfett mit Küchenpapier aus der Pfanne tupfen und die Butter sowie die braune Butter darin zerlassen. Knoblauch- und Ingwerscheiben, 1 Streifen Zitronenschale und Thymian hinzufügen und darin einige Minuten bei milder Hitze ziehen lassen, mit Salz und Pfeffer würzen. Die Petersilie hineingeben. Den Ingwer und die Zitronenschale wieder entfernen.

5 Für die Grilltomaten die Tomaten waschen und in etwa ½ cm dicke Scheiben schneiden, dabei die Stielansätze entfernen. Das Olivenöl in einer Pfanne mit Knoblauchscheiben, Vanilleschote, Ingwerscheiben und Kardamomkapseln erwärmen und mit etwas Chilisalz würzen. Die Tomatenscheiben darin auf beiden Seiten erwärmen.

6 Die Renken auf große vorgewärmte Teller verteilen und mit der Kräuterbutter sowie etwas Zitronensaft beträufeln. Die Tomatenscheiben danebenlegen und den Safran-Zitronen-Dip dazu servieren.

MEIN TIPP:

Safran ist ein wasserlösliches Gewürz, das seine Farbe und seinen Geschmack am besten in warmer Brühe, Fond oder Wasser entfaltet. Aus diesem Grund legt man die Safranfäden zunächst einige Minuten in Brühe ein, bevor sie samt der Einweichflüssigkeit unter den fetthaltigen Joghurt gerührt werden.

RENKE IN 7-PFEFFER-BUTTER MIT RAHMSPINAT UND BLUMENKOHL

1 Für den Rahmspinat den Spinat verlesen und gründlich waschen. Die Brühe in einer Pfanne erhitzen und etwa die Hälfte der Spinatblätter darin kurz erhitzen, die Sahne dazugießen und nur kurz köcheln lassen. Den Spinat mit der Sahnebrühe in einen hohen Rührbecher füllen und mit dem Stabmixer pürieren, dann wieder in die Pfanne gießen. Die restlichen Spinatblätter hinzufügen. Die Knoblauchscheiben und die Vanilleschote einige Minuten darin ziehen lassen und wieder entfernen. Den Rahmspinat mit Salz, 1 Prise Chiliflocken und etwas Muskatnuss würzen und warm halten.

2 Den Blumenkohl putzen, waschen, in größere Röschen teilen und diese in 4 bis 5 mm dicke Scheiben schneiden. Das Öl in einer Pfanne erhitzen und die Blumenkohlscheiben darin bei mittlerer Hitze portionsweise auf jeder Seite 3 bis 4 Minuten goldbraun braten. Die braune Butter dazugeben, den Blumenkohl mit Chilisalz würzen und mit den Schnittlauchröllchen bestreuen. Bis zum Servieren warm halten.

3 Die Renkenfilets waschen, trocken tupfen und jeweils halbieren. Mit der Hautseite in doppelgriffiges Mehl legen und andrücken. Das Öl in einer Pfanne erhitzen und die Renkenfilets darin auf der Hautseite bei mittlerer Hitze 2 bis 3 Minuten goldbraun anbraten. Die Pfanne vom Herd nehmen, die Fischfilets wenden und in der Nachhitze saftig durchziehen lassen.

4 In einer weiteren Pfanne die braune Butter zerlassen, die 7-Pfeffer-Mischung hineinstreuen und mit Salz würzen. Die Renkenfilets in die Pfefferbutter setzen und damit beträufeln.

5 Den Rahmspinat und den Blumenkohl auf vorgewärmte Teller verteilen und je 3 halbe Renkenfilets daraufsetzen.

Zutaten für 4 Personen

Für den Rahmspinat:
800 g Babyspinat
ca. 150 ml Gemüsebrühe
(siehe S. 11)
200 g Sahne
1 Knoblauchzehe (in Scheiben)
½ ausgekratzte Vanilleschote
Salz
milde Chiliflocken
frisch geriebene Muskatnuss

Für den Blumenkohl:
½ Kopf Blumenkohl
1–2 EL Öl
1 EL braune Butter (siehe S. 13)
mildes Chilisalz
1 EL Schnittlauchröllchen

Für die Renke:
6 Renkenfilets (à ca. 100 g;
mit Haut, ohne Gräten)
1–2 EL Öl
4 EL braune Butter
1 TL »7-Pfeffer-Mischung«
(siehe S. 128)
Salz
doppelgriffiges Mehl zum Wenden

MEIN TIPP:

Anstelle der Renkenfilets lässt sich dieses Rezept auch sehr gut mit Zander- oder Wallerfilets zubereiten, wobei der Waller ohne Haut gebraten wird. Dazu die Filets je nach Dicke auf jeder Seite etwa 3 Minuten braten, die Pfanne anschließend vom Herd nehmen und den Fisch in der Nachhitze der Pfanne saftig durchziehen lassen.

KABELJAU AUF DILLSAUCE
MIT SENFGURKEN-SPINAT-GEMÜSE

Zutaten für 4 Personen

Für das Senfgurken-Spinat-Gemüse:
50 g rote Linsen
Salz · 100 g Babyspinat
1 Knoblauchzehe (in Scheiben)
1 Stück ausgekratzte Vanilleschote
1 EL kalte Butter
400 g eingelegte Senfgurken-
scheiben (siehe S. 24)
mildes Chilisalz
frisch geriebene Muskatnuss

Für die Dillsauce:
100 g kalte Butter
3 EL Weißwein · 3 Eigelb
50 ml Gemüsebrühe (siehe S. 11)
1–2 EL Senfgurken-Einlegefond
(siehe S. 24)
2–3 EL braune Butter
1 EL Dillspitzen (frisch geschnitten)
mildes Chilisalz

Für den Kabeljau:
500 g Kabeljaufilet
(ohne Haut und Gräten)
1–2 TL braune Butter (siehe S. 13)

Für die Gewürzbutter:
2–3 EL braune Butter
1 kleine Knoblauchzehe
(in Scheiben)
1 Stück ausgekratzte Vanilleschote
Fenchelsamen · Anissamen
1 TL Dillspitzen (frisch geschnitten)
mildes Chilisalz

1 Für das Gemüse die Linsen in einem Topf in Salzwasser etwa 5 Minuten gerade weich kochen, in ein Sieb abgießen und auf dem Sieb abtropfen lassen. Den Spinat verlesen, gründlich waschen und in einer Pfanne bei mittlerer Hitze zusammenfallen lassen. Die Knoblauchscheiben, die Vanilleschote und die kalte Butter hinzufügen.

2 Die Senfgurken abtropfen lassen, zum Spinat dazugeben und leicht erwärmen. Mit Chilisalz und 1 Prise Muskatnuss würzen. Zum Servieren die Linsen hinzufügen und das Gemüse wieder erwärmen.

3 Für die Dillsauce die Butter in kleine Würfel schneiden und kühl stellen. Den Wein in einem kleinen Topf erhitzen und auf ein Drittel einköcheln lassen. Die Eigelbe mit der Brühe, dem Senfgurkenfond und dem reduzierten Wein in eine Metallschüssel gießen und mit einem Schneebesen im heißen Wasserbad zu feinporigem Schaum aufschlagen. Die Temperatur sollte dabei 78 bis 80 °C erreichen, aber nicht überschreiten (Thermometer!).

4 Nach und nach die kalten Butterwürfel in die Schaummasse rühren. Die Butter dabei schmelzen lassen und darauf achten, dass sich die Masse immer wieder erwärmt (aber nicht kocht!). Die Schaummasse soll die Butter binden. Zum Schluss die braune Butter mit dem Dill hineinrühren und alles mit Chilisalz abschmecken. Die Sauce im Wasserbad beiseitestellen und so warm halten.

5 Für den Kabeljau den Backofen auf 90 °C vorheizen. Die Kabeljaufilets waschen und trocken tupfen. Auf ein mit brauner Butter eingefettetes Backblech legen und mit Frischhaltefolie bedecken. Die Filets im Ofen je nach Dicke etwa 15 Minuten durchziehen lassen.

6 Inzwischen für die Gewürzbutter die braune Butter in einer Pfanne bei mittlerer Hitze erwärmen. Die Knoblauchscheiben, die Vanilleschote sowie je 1 Prise Fenchel- und Anissamen hinzufügen und alles einige Minuten ziehen lassen. Den Dill dazugeben und die Gewürzbutter mit Chilisalz abschmecken.

7 Die Dillsauce auf vorgewärmte Teller verteilen, die warmen Kabeljaufilets darauf anrichten und mit der Gewürzbutter bestreichen. Das Senf-Spinat-Gemüse danebensetzen und nach Belieben mit Dillspitzen garnieren.

Fleisch

GEBACKENE SURHAXERL MIT ERBSEN-MINZ-SAUCE AUF KAROTTENSALAT

Zutaten für 4 Personen

Für den Karottensalat:

*je 300 g gelbe und orangefarbene
Karotten · 1 TL Puderzucker
2 EL weißer Portwein
150 ml Gemüsebrühe · 1 Zimtstange
½ ausgekratzte Vanilleschote
1 Knoblauchzehe (in Scheiben)
1 Scheibe Ingwer · 1–2 EL Weißweinessig · 3 EL mildes Salatöl
je 1 EL Korianderblätter und Dillspitzen (frisch geschnitten)
mildes Chilisalz*

Für die Surhaxerl:

*1 Zwiebel · 1 Lorbeerblatt
3 Gewürznelken · 3 gepökelte
Spanferkelhaxen (à ca. 650 g)
1 TL Korianderkörner
¼ TL Zimtsplitter
100 g doppelgriffiges Mehl
100 g Weißbrotbrösel · 2 Eier
Salz · frisch geriebene Muskatnuss
Butterschmalz zum Ausbacken*

Für die Erbsen-Minz-Sauce:

*1 mehligkochende Kartoffel
(ca. 100 g) · 350 ml Gemüsebrühe
(siehe S. 11) · 1 kleine getrocknete
rote Chilischote · 1 Lorbeerblatt
1 Knoblauchzehe (in Scheiben)
200 g Erbsen (tiefgekühlt und
aufgetaut) · 100 g Sahne
1 EL braune Butter (siehe S. 13)
1 EL kalte Butter · frisch geriebene
Muskatnuss · mildes Chilisalz
1–2 TL Minzeblätter
(frisch geschnitten)*

1 Für die Surhaxerl die Zwiebel schälen und das Lorbeerblatt mit den Gewürznelken darauf feststecken. Die Haxen in einen Topf legen und mit so viel Wasser auffüllen, dass sie gut bedeckt sind. Die gespickte Zwiebel dazugeben, alles aufkochen und die Haxen bei milder Hitze knapp unter dem Siedepunkt 2 ½ bis 3 Stunden weich ziehen lassen.

2 Für den Karottensalat die Karotten putzen, schälen und schräg in ½ cm dicke Scheiben schneiden. Den Puderzucker in einem Topf hell karamellisieren und die Karotten darin andünsten. Mit dem Portwein ablöschen und die Brühe angießen. Zimt, Vanille, Knoblauch und Ingwer hinzufügen und die Karotten bissfest garen. Die Karotten mit dem Fond in eine Schüssel geben, Essig, Öl, Koriander und Dill hinzufügen und den Salat mit Chilisalz würzen.

3 Die Haxen gegebenenfalls im Sud abkühlen lassen oder sofort weiterverarbeiten. Den Sud durch ein feines Sieb gießen und beiseitestellen. Von den Haxen die Knochen und das Fett entfernen und das Fleisch in die natürlichen Segmente zerteilen.

4 Die Korianderkörner und die Zimtsplitter mischen und in eine Gewürzmühle füllen. Das Mehl und die Brösel jeweils in tiefe Teller verteilen. Die Eier in einem tiefen Teller verquirlen und mit 1 Prise Muskatnuss und den Gewürzen aus der Mühle würzen. Die Haxerlstücke zunächst im Mehl wenden, dann durch die Eier ziehen und zuletzt in den Bröseln wenden.

5 Das Butterschmalz in einer tiefen Pfanne etwa 1 cm hoch erhitzen und die Haxerlstücke darin bei mittlerer Hitze rundum goldbraun braten, auf Küchenpapier abtropfen lassen, leicht mit Salz würzen und warm halten.

6 Für die Erbsen-Minz-Sauce die Kartoffel schälen, waschen und in ½ cm große Würfel schneiden. Die Brühe in einem Topf erhitzen, die Kartoffelwürfel mit Chilischote, Lorbeerblatt und Knoblauchscheiben dazugeben und knapp unter dem Siedepunkt 10 bis 15 Minuten weich garen. Anschließend Chili und Lorbeer wieder entfernen.

7 Die Erbsen hinzufügen und 3 bis 5 Minuten darin erhitzen. Sahne, braune und kalte Butter zur Sauce dazugeben und alles mit dem Stabmixer zu einer cremigen Sauce pürieren. Mit 1 Prise Muskatnuss und Chilisalz würzen. Zum Schluss die Minze in die Sauce rühren.

8 Die Erbsen-Minz-Sauce auf vorgewärmte Teller verteilen, die Haxerlstücke darauflegen und den Karottensalat daneben anrichten.

REINDLBRATEN MIT SCHMORGEMÜSE

Zutaten für 4 Personen

3 große weiße Zwiebeln
1 Karotte
150 g Knollensellerie
1–2 EL Öl
1 ½ kg Schweinehals
(ohne Schwarte; küchenfertig)
600 g kleine festkochende
Kartoffeln
1 TL Puderzucker
1 EL Tomatenmark
200 ml leichter Rotwein
1 l Hühnerbrühe
1 kleines Lorbeerblatt
2 Knoblauchzehen
(geschält und halbiert)
1 Scheibe Ingwer
½ –1 TL getrockneter Majoran
gemahlener Kümmel
1 Streifen unbehandelte
Zitronenschale
Salz · Pfeffer aus der Mühle

1 Den Backofen auf 160 °C vorheizen. Die Zwiebeln, die Karotte und den Sellerie schälen und alles in 1½ bis 2 cm große Stücke schneiden. Das Öl in einer Pfanne erhitzen und das Fleisch darin rundum anbraten. Herausnehmen und beiseitestellen, anschließend das Gemüse in der Pfanne leicht braun rösten.

2 Die Kartoffeln schälen, waschen und halbieren oder vierteln. Den Puderzucker in einem Bräter bei mittlerer Hitze hell karamellisieren. Das Tomatenmark unterrühren und etwas mitrösten. Mit dem Wein ablöschen und alles sämig einköcheln lassen. Das Gemüse, die Kartoffeln und die Brühe dazugeben. Den Schweinehalsbraten daraufsetzen und im Ofen auf der mittleren Schiene etwa 3 Stunden offen garen, dabei zwischendurch wenden.

3 Das Fleisch aus dem Ofen nehmen und warm stellen. Die Sauce durch ein Sieb in einen Topf gießen, das Gemüse in einem zweiten Topf beiseitestellen. Die Sauce gegebenenfalls entfetten, das Lorbeerblatt dazugeben und die Sauce noch etwas einköcheln lassen.

4 Knoblauchhälften, Ingwerscheibe, Majoran, 1 Prise Kümmel und Zitronenschale zur Sauce geben und 5 bis 10 Minuten darin ziehen lassen. Die Sauce durch ein Sieb zurück zum Gemüse gießen, nochmals erhitzen und mit Salz und Pfeffer abschmecken.

5 Den Schweinehalsbraten in Scheiben schneiden und nach Belieben mit Salz und Pfeffer oder mildem Chilisalz würzen. Mit dem Schmorgemüse und der Bratensauce auf vorgewärmten Tellern anrichten.

MEIN TIPP:

Dazu passt ausgezeichnet ein Krautsalat: Hobeln Sie dafür ½ Kopf jungen Weißkohl oder Spitzkohl (etwa 500 g) in feine Streifen und würzen Sie den Kohl mit Salz. Für die Marinade in einem Topf 1 EL Puderzucker hell karamellisieren, mit 5 EL Rotweinessig ablöschen und auf die Hälfte einkochen lassen. Den Sud mit ⅛ l Brühe aufgießen, einmal aufkochen und heiß über das Kraut gießen. Dann 2 EL Öl dazugeben und den Krautsalat mit Salz, Pfeffer, je 1 Prise mildem Chilipulver, gemahlenem Kümmel und Zucker würzen.

SCHWEINEFILET MIT KRAUTNUDELFLECKERL IN MAJORAN-ZITRONEN-SAUCE

Zutaten für 4 Personen

Für das Schweinefilet:

500 g Schweinefilet (küchenfertig)
Öl für die Folie
1 Knoblauchzehe
½ TL getrockneter Majoran
½ TL gemahlener Kümmel
½ TL abgeriebene unbehandelte
Zitronenschale
1–2 EL Öl
200 ml Hühnerbrühe · 70 g Sahne
1–2 TL Speisestärke
2 EL kalte Butter
Salz · mildes Chilipulver

Für die Krautnudelfleckerl:

1 junger Spitzkohl (ca. 800 g)
250 g Nudelfleckerl (z. B. Rombi)
Salz
2 Scheiben Ingwer
1 kleine getrocknete rote Chilischote
1 EL mildes Olivenöl
200 g Champignons
3–4 EL Öl
gemahlener Kümmel
½ TL abgeriebene unbehandelte
Zitronenschale
Pfeffer aus der Mühle
1 EL Petersilienblätter
(frisch geschnitten)
200 ml Hühnerbrühe
2 EL braune Butter (siehe S. 13)
Räucherpaprika
(Piment La Vera picante)

1 Das Schweinefilet in 2½ bis 3 cm dicke Scheiben schneiden und jeweils zwischen zwei Lagen geölter Frischhaltefolie mit der flachen Seite eines Schnitzelklopfers noch etwas nachklopfen. Den Knoblauch schälen, fein hacken und mit dem Majoran, dem Kümmel und der Zitronenschale mischen.

2 Mit einem Pinsel das Öl in einer Pfanne verteilen. Die Schweinemedaillons darin bei mittlerer Hitze auf beiden Seiten jeweils 2 Minuten anbraten und wieder aus der Pfanne nehmen.

3 Den Bratsatz mit der Brühe ablöschen und die Knoblauch-Gewürz-Mischung dazugeben. Alles einige Minuten knapp unter dem Siedepunkt ziehen lassen, dann die Sahne hinzufügen. Die Speisestärke mit wenig kaltem Wasser glatt rühren und in die köchelnde Sauce geben, bis diese leicht sämig bindet. Zuletzt die kalte Butter unterrühren und die Sauce mit Salz und 1 Prise Chilipulver würzen. Die gebratenen Schweinemedaillons in die Sauce legen und darin einige Minuten knapp unter dem Siedepunkt ziehen lassen. Warm halten.

4 Für die Krautnudelfleckerl vom Spitzkohl die äußeren Blätter und den Strunk entfernen. Die Blätter waschen, trocken schleudern und in etwa 2 cm große Blätter schneiden. Die Nudeln in kräftig gesalzenem Wasser mit Ingwer und Chili etwa 2 Minuten kürzer als nach Packungsanweisung kochen. In ein Sieb abgießen, die Gewürze entfernen und die Nudeln mit dem Olivenöl mischen.

5 Die Champignons putzen, falls nötig, trocken abreiben und in etwa ½ cm dicke Scheiben schneiden. In einer Pfanne 1 bis 2 TL Öl erhitzen und die Pilze darin anbraten, mit Salz, 1 Prise Kümmel, Zitronenschale und Pfeffer würzen und die Petersilie dazugeben.

6 In einer Pfanne 1 bis 2 TL Öl erhitzen und die Spitzkohlstücke darin anbraten, die Brühe dazugeben und erhitzen. Die Nudeln hinzufügen und 1 bis 2 Minuten köcheln lassen, bis die Flüssigkeit verkocht und von den Nudeln aufgesogen ist. Zum Schluss die Champignons dazugeben und darin erhitzen, die braune Butter hinzufügen und alles mit 1 Prise Räucherpaprika und Salz würzen.

7 Die Krautnudelfleckerl auf vorgewärmte Teller verteilen und die Schweinemedaillons mit der Majoran-Zitronen-Sauce danebensetzen.

WÜRZIGER HACKBRATEN MIT PAPRIKA UND BOHNENKRAUT

1 Das Weißbrot entrinden, in Würfel schneiden und in der Milch einweichen. Die Zwiebel schälen und in sehr feine Würfel schneiden. Die Paprika entkernen, waschen und in ½ cm große Würfel schneiden.

2 Die Totentrompeten 5 Minuten in etwa ¼ l Wasser leicht köcheln, in ein Sieb abgießen, kalt abschrecken, auf dem Sieb abtropfen lassen. Die Pilze ausdrücken und grob hacken. Den Zucchino putzen, waschen und in ½ cm große Würfel schneiden.

3 Das Öl in einer Pfanne erhitzen und die Zwiebel-, Paprika- und Zucchiniwürfel darin bei mittlerer Hitze etwas anbraten. Die Pilze und den Knoblauch dazugeben und kurz mitdünsten.

4 Das Kalbsbrät mit der Sahne glatt rühren. Mit beiden Hackfleischsorten, dem eingeweichten Weißbrot, den Eiern, dem Senf und dem angedünsteten Gemüse gut mischen, sodass eine kompakte Masse entsteht. Die Hackbratenmasse mit Bohnenkraut und Chilisalz kräftig würzen und zum Schluss die Petersilie untermischen.

5 Den Backofen auf 140 °C vorheizen. Die Hackmasse auf einem geölten Backblech mit angefeuchteten Händen zu einem schmalen, langen Laib formen. Den Hackbraten im Ofen auf der mittleren Schiene etwa 25 Minuten backen. Die Temperatur auf 160 °C erhöhen und den Hackbraten weitere 10 bis 15 Minuten backen.

6 Den Hackbraten in Scheiben schneiden und auf vorgewärmte Teller verteilen. Dazu passen ein knackiger Salat und Schnittlauchsauce.

Zutaten für 6–8 Personen

80 g Weißbrot
80 ml Milch
1 kleine Zwiebel
½ rote Paprikaschote
2 EL getrocknete Totentrompeten (ersatzweise getrocknete Champignons; Feinkostladen)
½ kleiner Zucchino
2 EL Öl
1 gehackte Knoblauchzehe
Salz
100 g Kalbsbrät
1–2 EL kalte Sahne
150 g Kalbshackfleisch
350 g Schweinehackfleisch
2 Eier
1 TL Dijon-Senf
1 TL getrocknetes Bohnenkraut
mildes Chilisalz
1–2 EL Petersilienblätter (frisch geschnitten)
Öl für das Blech

MEIN TIPP:

Zum Abschmecken des Hackfleischteigs am besten in einer Pfanne ein kleines Probepflanzerl braten, bevor der Hackbraten in den Ofen kommt. Auf diese Weise muss man die Hackmasse nicht roh probieren.

ROULADE VOM SPANFERKEL AUF KARTOFFEL-LORBEER-SAUCE

Zutaten für 4 Personen

Für die Spanferkelrouladen:
250 g Schweinswürstelbrät
120 g Landleberwurst
(siehe S. 20) · 1–2 EL Sahne
½ – 1 EL Petersilienblätter (frisch
geschnitten) · ½ TL abgeriebene
unbehandelte Zitronenschale
mildes Chilisalz
12 dicke grüne Spargelstangen
Salz
12 dünne Scheiben aus der
Spanferkelkeule (à ca. 25 g;
oder kleine Schweineschnitzel)
1–2 EL Öl
2–3 EL Gemüsebrühe (siehe S. 11)
1 EL Butter · Öl für die Folie

Für die Kartoffel-Lorbeer-Sauce:
1 kleine mehligkochende Kartoffel
¼ l Gemüsebrühe
1 kleines Lorbeerblatt
1 kleine getrocknete rote Chilischote
½ Knoblauchzehe (in Scheiben)
50 g Sahne
1 EL kalte Butter · Salz

Für die Zimtkarotten:
1 weiße Zwiebel · 500 g kleine
Karotten · 1 TL Puderzucker
150 ml Gemüsebrühe
1 Knoblauchzehe (in Scheiben)
2 Scheiben Ingwer · 2 kleine Zimt-
stangen · 5 grüne Kardamomkap-
seln (angedrückt) · 1 Gewürznelke
½ ausgekratzte Vanilleschote
1 EL kalte Butter · frisch geriebene
Muskatnuss · mildes Chilisalz

1 Für die Rouladen das Würstelbrät in einem hohen Rührbecher mit der Leberstreichwurst, der Sahne, der Petersilie und der Zitronenschale im Blitzhacker pürieren und mit etwas Chilisalz würzen.

2 Den Spargel waschen, im unteren Drittel schälen und die holzigen Enden abschneiden. In Salzwasser knapp unter dem Siedepunkt 6 Minuten bissfest garen. Die Spargelspitzen für das Gemüse beiseitestellen, die restlichen Stangen auf die Breite der Schnitzel schneiden.

3 Die Fleischscheiben zwischen zwei Lagen geölter Frischhaltefolie zu handtellergroßen, sehr dünnen Fleischscheiben klopfen. Mit der Brätmasse bestreichen, jeweils 1 Spargelstangenstück einrollen und das Fleisch mit Rouladennadeln feststecken.

4 Das Öl in einer Pfanne erhitzen und die Rouladen darin rundum bei mittlerer Hitze 5 Minuten braten. Anschließend herausnehmen und beiseitestellen. Den Bratsatz mit der Brühe ablöschen. Die Butter darin schmelzen lassen, die Rouladen wieder hineinlegen und in der Sauce wenden, warm halten.

5 Für die Kartoffel-Lorbeer-Sauce die Kartoffel schälen, waschen und in ½ cm große Würfel schneiden (etwa 60 g Würfel). Die Brühe in einem Topf erhitzen, die Kartoffelwürfel mit Lorbeerblatt, Chili und Knoblauch dazugeben und knapp unter dem Siedepunkt 20 Minuten weich ziehen lassen. Lorbeerblatt und Chili wieder entfernen und die Kartoffeln mit der Brühe und der Sahne mit dem Stabmixer pürieren. Die kalte Butter hineinmixen, die Sauce mit Salz abschmecken und warm halten.

6 Für die Zimtkarotten die Zwiebel schälen und in feine Würfel schneiden. Die Karotten putzen, schälen und schräg in ½ cm breite Scheiben schneiden. Den Puderzucker in einem Topf bei mittlerer Hitze hell karamellisieren und die Zwiebeln darin andünsten. Die Karotten dazugeben, kurz mitdünsten lassen und mit der Brühe aufgießen.

7 Knoblauch, Ingwer, Zimt, Kardamom, Gewürznelke und Vanilleschote dazugeben und das Ganze zugedeckt 10 Minuten weich dünsten. Gegen Ende der Garzeit die ganzen Gewürze entfernen und die Spargelspitzen hinzufügen. Die kalte Butter hineinrühren und alles mit 1 Prise Muskatnuss und Chilisalz würzen.

8 Die Kartoffel-Lorbeer-Sauce auf vorgewärmte Teller verteilen. Die Spanferkelrouladen schräg halbieren und darauf anrichten, die Zimtkarotten danebensetzen.

GEGRILLTER KRUSTENBRATEN
MIT KNOBLAUCHSCHMAND UND RADI-GEMÜSE

Zutaten für 4 Personen

Für den Krustenbraten:

400 ml Hühnerbrühe (oder Wasser)
1,2 kg Schweinebauch
1 Lorbeerblatt
1 TL schwarze Pfefferkörner
½ TL Pimentkörner
½ TL ganzer Kümmel

Für den Knoblauchschmand:

2 EL eingelegter Knoblauch
mit Ingwer (siehe S. 22)
und 1 EL Einlegefond
200 g Schmand · mildes Chilisalz
1 EL Schnittlauchröllchen

Für das Radi-Gemüse:

1 kleiner weißer Rettich (ca. 400 g)
120 g Rosenkohl · Salz
je 1 kleine gelbe und orangefarbene
Karotte (insgesamt ca. 100 g)
1 TL Puderzucker
3 EL Gemüsebrühe (siehe S. 11)
etwas geriebene Zimtrinde
1 Stück ausgekratzte Vanilleschote
1 Knoblauchzehe (in Scheiben)
2 Scheiben Ingwer
1 Zweig Bohnenkraut
1 EL braune Butter (siehe S. 13)
frisch geriebene Muskatnuss
mildes Chilisalz

1 Für den Krustenbraten den Backofen auf 140 °C vorheizen. Die Brühe in einen ofenfesten Bräter gießen. Den Schweinebauch mit der Schwarte nach unten in die Brühe legen, Lorbeerblatt, Pfeffer- und Pimentkörner sowie Kümmel hinzufügen und den Schweinebauch zugedeckt im Ofen etwa 3 Stunden garen.

2 Den Braten aus dem Ofen nehmen und diesen auf 230 °C heraufschalten. Den Braten wenden, die Schwarte mit einem Messer mehrmals über Kreuz einritzen und den Braten im Ofen 20 bis 30 Minuten knusprig braten.

3 Inzwischen für den Knoblauchschmand das Knoblauch-Ingwer-Gemisch abtropfen lassen und klein hacken. Den Schmand mit der Einlegeflüssigkeit glatt rühren und das Knoblauch-Ingwer-Gemisch hineinrühren. Mit Chilisalz würzen und den Schnittlauch unterrühren.

4 Für das Radi-Gemüse den Rettich schälen und in Spalten schneiden, den Rosenkohl putzen und in einzelne Blätter teilen oder vierteln. Den Rettich in kochendem Salzwasser bissfest blanchieren, herausnehmen, kalt abschrecken und auf einem Sieb abtropfen lassen. Anschließend den Rosenkohl ebenfalls einige Minuten bissfest blanchieren, in ein Sieb abgießen, kalt abschrecken und auf dem Sieb abtropfen lassen.

5 Die Karotten putzen, schälen und schräg in Scheiben schneiden. Den Puderzucker in einem Topf hell karamellisieren und die Karotten darin andünsten. Mit Brühe ablöschen, Zimtrinde, Vanilleschote, Knoblauch- und Ingwerscheiben sowie Bohnenkraut hinzufügen und alles einige Minuten ziehen lassen. Rettich und Rosenkohlblätter zu den Karotten dazugeben, kurz erwärmen und alles mit der braunen Butter, 1 Prise Muskatnuss und etwas Chilisalz abschmecken. Die ganzen Gewürze wieder entfernen.

6 Den Knoblauchschmand auf Teller verteilen, den Krustenbraten in etwa 3 x 3 cm große Stücke schneiden und auf den Schmand setzen. Das Radi-Gemüse dazugeben. Nach Belieben mit Estragon und Schnittlauchröllchen garnieren.

GESCHMORTE KALBSHAXE MIT KRÄUTERSPÄTZLE

Zutaten für 4 Personen

Für die Kalbshaxe:

2 Zwiebeln
1 Karotte
120 g Knollensellerie
2–3 EL Öl
1 Kalbshaxe (ca. 3 kg; küchenfertig)
2 TL Puderzucker
1 EL Tomatenmark
150 ml Rotwein
½ l Hühnerbrühe
1 Lorbeerblatt
½ TL schwarze Pfefferkörner
1 Knoblauchzehe
1 Streifen unbehandelte
Zitronenschale
1 Scheibe Ingwer
1 Zweig Thymian
Salz
1–2 TL Speisestärke
2 EL kalte Butter
Pfeffer aus der Mühle

Für die Kräuterspätzle:

1 Rezept Buttermilchspätzle
(siehe S. 122)
Pfeffer aus der Mühle
frisch geriebene Muskatnuss
80 ml Gemüsebrühe
2 EL bayerisches Pesto (siehe S. 17)
mildes Chilisalz

1 Den Backofen auf 160 °C vorheizen. Die Zwiebeln, die Karotte und den Sellerie schälen und jeweils in 1 bis 1½ cm große Stücke schneiden. In einer Pfanne 1 EL Öl erhitzen und das Gemüse darin bei mittlerer Hitze andünsten.

2 Das restliche Öl in einer Pfanne erhitzen. Die Kalbshaxe darin bei mittlerer Hitze rundum anbraten. Den Puderzucker in einen Topf stäuben und hell karamellisieren. Das Tomatenmark unterrühren und kurz mitrösten. Mit der Hälfte des Weins ablöschen und sirupartig einköcheln lassen. Den restlichen Wein dazugießen und ebenfalls einköcheln lassen. In einen Bräter umfüllen und das gedünstete Gemüse hinzufügen. Die Brühe aufgießen, die Kalbshaxe hineinsetzen und zugedeckt im Ofen etwa 4½ Stunden schmoren, dabei mehrmals wenden. Nach 2 Stunden den Deckel entfernen.

3 Inzwischen für die Kräuterspätzle den Teig für die Buttermilchspätzle zubereiten. Den Teig außerdem mit Pfeffer und etwas Muskatnuss würzen und die Spätzle wie beschrieben kochen. Dann die Spätzle mit dem Schaumlöffel herausnehmen und mit der Brühe in eine große tiefe Pfanne geben. Das Pesto unterrühren und alles noch einmal kurz erhitzen. Mit Chilisalz würzen und warm halten.

4 Die Kalbshaxe aus dem Bräter nehmen. Das Lorbeerblatt und die Pfefferkörner zur Sauce geben und die Sauce um ein Drittel einkochen lassen. Den Knoblauch schälen, mit der Zitronenschale, dem Ingwer und dem Thymian hinzufügen und einige Minuten ziehen lassen. Die Sauce durch ein Sieb gießen, dabei das Gemüse etwas ausdrücken. Die Sauce mit Salz würzen.

5 Die Speisestärke mit wenig kaltem Wasser glatt rühren und in die köchelnde Sauce geben, bis diese leicht sämig bindet. Noch ein wenig köcheln lassen, die Butter einrühren und mit Salz abschmecken.

6 Die Kalbshaxe parallel zum Knochen in Scheiben schneiden und mit wenig Salz und Pfeffer würzen. Die Kalbshaxenscheiben mit der Sauce und den Kräuterspätzle auf vorgewärmten Tellern anrichten.

GESOTTENE KALBSSCHULTER AUF WURZELGEMÜSE-SAUCE

1 Die Kalbsschulter bei mittlerer Hitze in einer großen Pfanne im Öl rundum anbraten. Anschließend in einen großen Topf setzen und mit so viel Brühe auffüllen, dass das Fleisch gut bedeckt ist. Das Fleisch bei milder Hitze knapp unter dem Siedepunkt etwa 2 Stunden weich ziehen lassen. Aufsteigenden Schaum abschöpfen.

2 Die Karotten, die Petersilienwurzel, den Sellerie und 1 Zwiebel schälen. Den Lauch putzen, waschen und dritteln. Eine Zwiebel ungeschält quer halbieren und die Schnittflächen in einer Pfanne ohne Fett bräunen. Alle Gemüsesorten nach 1 Stunde Garzeit mit Lorbeerblättern, Wacholderbeeren, Pfeffer- und Pimentkörnern sowie Ingwerscheiben zur Brühe geben und das Fleisch fertig garen.

3 Das Fleisch herausnehmen, die Brühe vorsichtig durch ein feines Sieb gießen und mit Salz abschmecken. Den Lauch und die Zwiebelhälften entfernen, das Fleisch in der Brühe warm halten. Karotten, Petersilienwurzel und Sellerie klein schneiden.

4 Für die Sauce 25 g gegarte Karotten, 40 g Petersilienwurzel und 80 g Sellerie in einen hohen Rührbecher füllen und mit der Brühe und der Sahne mit dem Stabmixer pürieren. Den Sahnemeerrettich und die braune Butter hinzufügen und ebenfalls untermixen. Die Sauce mit Salz und 1 Prise Muskatnuss würzen, in einem Topf vorsichtig erwärmen, gegebenenfalls nachwürzen und warm halten.

5 Den Spinat verlesen, waschen und trocken schleudern. Die Butter in einer Pfanne bei mittlerer Hitze zerlassen. Knoblauch und Vanille hinzufügen, den Blattspinat dazugeben und zusammenfallen lassen. Mit Salz, Pfeffer und 1 Prise Muskatnuss würzen.

6 Für die Rosmarinkartoffeln die Kartoffeln waschen und in Salzwasser mit Kümmel weich garen. Abgießen, ausdampfen lassen, heiß pellen und in dicke Scheiben schneiden. Übriges Suppengemüse in mundgerechte Stücke schneiden. Öl in einer Pfanne bei mittlerer Hitze erhitzen und die Kartoffelscheiben darin anbraten. Rosmarin dazugeben, mit Salz und Pfeffer abschmecken. Suppengemüse hinzufügen und kurz erwärmen. Zuletzt die braune Butter darüberträufeln.

7 Die Kalbsschulter in dünne Scheiben schneiden. Die Wurzelgemüsesauce nochmals kurz mit dem Stabmixer aufschäumen und auf vorgewärmte Teller verteilen. Die Fleischscheiben auf der Sauce anrichten und die Oberseiten jeweils mit brauner Butter bestreichen. Den Blattspinat und die Rosmarinkartoffeln darum herum verteilen und alles mit etwas Salz bestreuen.

Zutaten für 4 Personen

Für die Kalbsschulter:
1 flache Kalbsschulter (ca. 1 kg; Schaufelbug, küchenfertig)
1 EL Öl · 4 l Gemüsebrühe
(siehe S. 11) · je 1 gelbe und orangefarbene Karotte
1 Petersilienwurzel · 200 g Knollensellerie · 2 Zwiebeln
1 kleine Stange Lauch
2 Lorbeerblätter
je ½ TL Wacholderbeeren, schwarze Pfeffer- und Pimentkörner
1–2 Scheiben Ingwer · Salz
braune Butter (siehe S. 13)

Für die Sauce:
200 ml Fleischbrühe · 50 g Sahne
1–2 EL Sahnemeerrettich
(siehe S. 18)
1–2 EL braune Butter
Salz · frisch geriebene Muskatnuss

Für den Blattspinat:
200 g Babyspinat
1 EL kalte Butter
1 Knoblauchzehe (in Scheiben)
1 Stück ausgekratzte Vanilleschote
Salz · Pfeffer aus der Mühle
frisch geriebene Muskatnuss

Für die Rosmarinkartoffeln:
600 g festkochende Kartoffeln
Salz · 1 TL ganzer Kümmel
1 EL Öl · 1 Zweig Rosmarin
Pfeffer aus der Mühle
1 EL braune Butter

ROSA GEBRATENER KALBSTAFELSPITZ MIT APFELRAHMKRAUT

Zutaten für 4 Personen

Für die Bratkartoffeln:

1 kg festkochende Kartoffeln · Salz
1 TL ganzer Kümmel · 1 Zwiebel
2–3 EL Öl · Pfeffer aus der Mühle
gemahlener Kümmel
½–1 TL getrockneter Majoran
1 EL Petersilienblätter
(frisch geschnitten)
4 Scheiben Frühstücksspeck

Für den Kalbstafelspitz:

1 kg Kalbstafelspitz (küchenfertig)
1–2 TL Öl

Für das Apfelrahmkraut:

1 kleine Zwiebel · 500 g Spitzkohl
1 Karotte · 100 g Knollensellerie
2 kleine Äpfel (z. B. Elstar)
2 TL Puderzucker · 50 ml Weißwein
2 EL Wermut (z. B. Noilly Prat)
100 ml Gemüsebrühe (siehe S. 11)
150 g Sahne · 1 TL Speisestärke
mildes Chilisalz
1 EL Petersilienblätter
(frisch geschnitten)
je ½–1 TL abgeriebene unbehandelte
Zitronen- und Orangenschale
1 TL getrockneter Majoran
gemahlener Kümmel
frisch geriebene Muskatnuss
Pfeffer aus der Mühle
etwas geriebene Zimtrinde
1 EL Butter

Außerdem:

1 Stück Meerrettichwurzel
mildes Chilisalz

1 Zuerst die Kartoffeln waschen und in Salzwasser mit dem Kümmel weich garen. Abgießen, kurz ausdampfen lassen und möglichst heiß pellen, dann mehrere Stunden abkühlen lassen.

2 Für den Kalbstafelspitz den Backofen auf 100 °C vorheizen. In die mittlere Schiene ein Ofengitter und auf die unterste Schiene ein Abtropfblech schieben. Den Kalbstafelspitz in einer großen Pfanne im Öl rundum anbraten. Herausnehmen, auf das Ofengitter in den Ofen setzen und darin etwa 1¼ Stunden rosa durchziehen lassen.

3 Für das Apfelrahmkraut die Zwiebel schälen und in Rauten schneiden. Vom Spitzkohl die äußeren Blätter und den Strunk entfernen. Die Blätter waschen, abtropfen lassen und in Rauten schneiden. Karotte und Sellerie schälen und in Rauten schneiden. Einen Apfel schälen, entkernen und die Spalten in 3 bis 5 mm dicke Stücke schneiden.

4 In einer tiefen Pfanne 1 TL Puderzucker hell karamellisieren und Zwiebel und Sellerie darin andünsten. Spitzkohl und Karotten dazugeben und mitbraten. Mit Wein und Wermut ablöschen und einköcheln lassen. Brühe angießen und alles 10 Minuten ziehen lassen.

5 Die Sahne dazugeben und erhitzen. Die Speisestärke mit wenig kaltem Wasser glatt rühren und nach und nach in die Gemüsesauce geben, bis diese sämig bindet. Die Apfelstücke unter das Gemüse rühren und erhitzen. Mit Chilisalz würzen, Petersilie, Zitronen- und Orangenschale, Majoran, 1 Prise Kümmel, Muskatnuss, Pfeffer und Zimt würzen und die Butter unterrühren. Das Gemüse warm halten.

6 Den übrigen Apfel waschen, entkernen und in schmale Spalten schneiden. In einer Pfanne 1 TL Puderzucker hell karamellisieren und die Apfelspalten darin bei mittlerer Hitze rundum andünsten.

7 Die abgekühlten Kartoffeln in etwa ½ cm dicke Scheiben schneiden. Zwiebel schälen und in feine Würfel schneiden. Kartoffeln in einer Pfanne bei milder Hitze in 1 bis 2 EL Öl auf einer Seite goldbraun anbraten. Wenden, Zwiebelwürfel dazugeben und mitdünsten lassen. Mit Salz, Pfeffer, 1 Prise Kümmel und Majoran würzen, die Petersilie hinzufügen. Den Speck in Würfel schneiden und in einer Pfanne bei mittlerer Hitze im restlichen Öl knusprig braten. Auf Küchenpapier abtropfen lassen und über die Kartoffeln streuen.

8 Das Kraut und die Kartoffeln auf vorgewärmte Teller verteilen, den Kalbstafelspitz in Scheiben schneiden, darauflegen und mit Chilisalz bestreuen. Den Meerrettich frisch darüberraspeln, die Apfelspalten dazulegen und alles nach Belieben mit Lorbeer und Chili garnieren.

HELL EINGEMACHTES KALBFLEISCH MIT KARTOFFEL-SPINAT-PÜREE

Zutaten für 4 Personen

Für das eingemachte Kalbfleisch:

1,2 kg Kalbfleisch
(aus der Schulter; küchenfertig)
Salz · 1 Zwiebel
1 Lorbeerblatt · 2 Gewürznelken
1–2 TL Puderzucker
100 ml trockener Weißwein
1 l Gemüsebrühe (siehe S. 11)
½ TL schwarze Pfefferkörner
120 g Sahne · 1–2 TL Speisestärke
1 Knoblauchzehe
(geschält und halbiert)
1 Scheibe Ingwer
2 Streifen unbehandelte
Zitronenschale
3 Stiele Petersilie
mildes Chilipulver
1 Spritzer Zitronensaft
1–2 EL kalte Butter
1 EL frische Kräuterblätter (z. B.
Petersilie, wenig Estragon, Kerbel)

Für das Kartoffel-Spinat-Püree:

1 kg mehligkochende Kartoffeln
Salz · ½ TL ganzer Kümmel
100 g Babyspinat
¼ l Milch · 1 EL Butter
2 EL braune Butter
frisch geriebene Muskatnuss
abgeriebene Schale von 1 unbehandelten Zitrone

1 Das Kalbfleisch in 1½ bis 2 cm große Stücke schneiden. Reichlich Salzwasser in einem Topf erhitzen und die Kalbfleischstücke darin 3 bis 4 Minuten garen. In ein Sieb abgießen und auf dem Sieb abtropfen lassen. Die Zwiebel schälen und das Lorbeerblatt mit den Gewürznelken darauf feststecken.

2 Den Puderzucker in einem Topf hell karamellisieren, mit dem Wein ablöschen und auf ein Drittel einköcheln lassen. Die Brühe angießen, die Fleischwürfel, die gespickte Zwiebel und die Pfefferkörner hinzufügen. Den Deckel so auflegen, dass ein Spalt offen bleibt, und das Fleisch bei milder Hitze 1 Stunde mehr ziehen als köcheln lassen.

3 Für das Kartoffel-Spinat-Püree die Kartoffeln waschen und in Salzwasser mit dem Kümmel weich garen. Die Kartoffeln abgießen, kurz ausdampfen lassen, möglichst heiß pellen und durch die Kartoffelpresse drücken. Inzwischen den Spinat verlesen, waschen und abtropfen lassen. Die Milch erhitzen und mit einem Kochlöffel unter die durchgepressten Kartoffeln rühren, den Spinat unterziehen und die Butter mit der braunen Butter unterrühren. Das Püree mit Salz, etwas Muskatnuss und Zitronenschale würzen und warm halten.

4 Das Kalbfleisch herausnehmen und beiseitestellen, die Brühe durch ein Sieb in einen Topf gießen. Die Sahne dazugeben. Die Speisestärke mit wenig kaltem Wasser glatt rühren, in die heiße Brühe geben, bis diese sämig bindet, und knapp unter dem Siedepunkt 2 Minuten leicht köcheln lassen.

5 Knoblauch, Ingwer, Zitronenschale und Petersilie einige Minuten in der Sauce ziehen lassen und wieder entfernen. Die Sauce mit Salz, 1 Prise Chilipulver und 1 Spritzer Zitronensaft abschmecken. Die kalte Butter mit dem Stabmixer unterrühren und das Kalbfleisch in der Sauce erhitzen.

6 Das eingemachte Kalbfleisch in Scheiben schneiden und auf vorgewärmte Teller verteilen. Das Kartoffel-Spinat-Püree danebensetzen und mit den frischen Kräuterblättern garnieren.

ALMSCHNITZEL
AUF TOMATEN-MINZ-SALAT

1 Für den Tomaten-Minz-Salat die Zwiebelhälfte schälen und in feine Würfel schneiden. Die Tomaten waschen und in Spalten schneiden, dabei die Stielansätze entfernen. Die Minzeblätter waschen, trocken tupfen und in feine Streifen schneiden.

2 Die Tomatenspalten mit den Zwiebelwürfeln, der Petersilie und der Minze in eine Schüssel füllen. Mit Chilisalz und Pfeffer würzen, mit Essig und Olivenöl beträufeln und alles vorsichtig mischen, gegebenenfalls nochmals nachwürzen.

3 Für die Almschnitzel die Schnitzel zwischen zwei Lagen geölter Frischhaltefolie mit der flachen Seite des Schnitzelklopfers dünn klopfen und mit Pfeffer würzen.

4 Die Kartoffeln waschen, schälen und auf der feinen Raspel einer Vierkantreibe raspeln. Die Eier mit Kartoffeln, Käse und Thymian in einem tiefen Teller verrühren und mit Chilisalz, Muskatnuss und Pfeffer kräftig würzen.

5 Das Mehl in einen tiefen Teller geben. Die Schnitzel mit Salz würzen und zuerst in Mehl, dann in der Eier-Käse-Mischung wenden. So viel Öl in einer Pfanne erhitzen, dass der Boden vollständig bedeckt ist. Die Schnitzel bei mittlerer Hitze auf beiden Seiten goldbraun ausbacken, herausnehmen und auf Küchenpapier abtropfen lassen.

6 Die Almschnitzel auf vorgewärmte Teller verteilen und den Tomaten-Minz-Salat daneben anrichten.

MEIN TIPP:

Die Panade sollte das Schnitzel gleichmäßig bedecken. Falls beim Hineinlegen der Schnitzel in die Pfanne zu viel Panade abläuft, können Sie auf der Oberseite noch etwas Eiermasse verteilen, bevor die Schnitzel gewendet werden.

Zutaten für 4 Personen

Für den Tomaten-Minz-Salat:
½ rote Zwiebel
8 Tomaten
5 Minzeblätter
1 EL Petersilienblätter
(frisch geschnitten)
mildes Chilisalz
Pfeffer aus der Mühle
1–2 EL milder Rotweinessig
2 EL mildes Olivenöl

Für die Almschnitzel:
8 Kalbsschnitzel (à ca. 60 g)
3–4 EL Öl für die Folie und
zum Braten
Pfeffer aus der Mühle
200 g Kartoffeln
6 Eier
150 g fein geriebener Emmentaler
1 geh. EL Thymianblättchen
(fein gehackt)
mildes Chilisalz
frisch geriebene Muskatnuss
50 g doppelgriffiges Mehl
Salz

FINGERNUDELN

Damit der Teig gut gelingt, lässt man die Kartoffeln nach dem Drücken durch die Kartoffelpresse etwa 30 Minuten ausgebreitet ausdampfen und abkühlen.

Sobald der Teig fertig ist, wird er direkt weiterverarbeitet. Wer Fingernudeln auf Vorrat zubereiten möchte, stellt sie gegart bis zur Weiterverwendung kühl.

1 500 g gegarte, durchgepresste Kartoffeln mit 2 EL brauner Butter und 2 Eigelben mischen. Je 60 g doppelgriffiges Mehl und Speisestärke daraufsieben und unterkneten. Mit Salz und Muskat würzen.

2 Den Teig dritteln und jedes Stück mit etwas Mehl zu Rollen à 1½ cm Ø formen. Diese in ca. 3 cm lange Stücke schneiden und mit den Händen zu etwa 7 cm langen Nudeln mit spitzen Enden formen.

3 Die Nudeln in Salzwasser einige Minuten sieden lassen. Mit dem Schaumlöffel herausnehmen und auf Küchenpapier abtropfen lassen. In einer Pfanne mit brauner Butter bei mittlerer Hitze wenden.

BUTTERMILCHSPÄTZLE

Dank der Verwendung von doppelgriffigem Mehl (Wiener Griessler) werden die Spätzle besonders kernig. Hobeln Sie die Spätzlemasse am besten auf

zwei bis drei Mal in das siedende Wasser. Besonders fein schmecken die Buttermilchspätzle, wenn Sie zum Schluss noch braune Butter hinzufügen.

1 400 g doppelgriffiges Mehl, 4 Eier, 200 g Buttermilch, 1 TL Salz und 1 EL Öl in der Küchenmaschine zu einem zähen Teig verarbeiten. Den Teig noch 3 bis 5 Minuten weiterkneten, bis er Blasen wirft.

2 In einem großen Topf reichlich Salzwasser zum Kochen bringen. Den Spätzlehobel kurz in das Wasser tauchen, den Teig einfüllen und die Spätzle portionsweise in das siedende Wasser hobeln.

3 Wenn die Spätzle an die Oberfläche steigen, einmal kurz aufkochen. Mit dem Schaumlöffel herausheben und in einer Pfanne in 2 EL zerlassener Butter schwenken. Mit Salz, Pfeffer und Muskatnuss würzen.

Kartoffel-Sellerie-Püree

Obwohl Kartoffeln und Sellerie ähnliche Garzeiten haben, werden sie getrennt voneinander gekocht, denn der Sellerie muss später fein püriert werden, die Kartoffeln hingegen darf man nicht nicht zu viel rühren. Erst am Ende werden beide Pürees miteinander vermischt, so entsteht ein lockeres Püree.

1 500 g Kartoffeln waschen, in Salzwasser mit ganzem Kümmel weich garen, heiß pellen und durch die Presse drücken. 100 ml Milch erhitzen, mit einem Kochlöffel unter den Kartoffelschnee rühren.

2 In einem Topf 100 ml Milch mit ¼ Vanilleschote erhitzen, 250 g geschälten, gewürfelten Knollensellerie dazugeben und etwa 20 Minuten zugedeckt weich garen. Die Vanilleschote wieder entfernen.

3 Den Sellerie mit der Kochflüssigkeit im Blitzhacker pürieren. Kartoffelpüree mit Selleriepüree verrühren, die braune Butter unterrühren und mit Salz, Pfeffer, Chili und Muskat abschmecken.

Brezenknödel

Die luftigen Brezenwürfel werden nur kurz mit der Eiermilch vermischt und dürfen dabei auf keinen Fall gedrückt werden. Sonst nehmen sie die Flüssigkeit nicht gleichmäßig auf, und es entstehen keine lockeren Knödel. Übrige Knödel werden gekühlt aufbewahrt, bei Bedarf in Scheiben geschnitten und gebraten.

1 2 Eier mit ¼ l heißer Milch, Salz, Pfeffer und Muskat verrühren. Mit 250 g entsalzten Brezenwürfeln, ½ gewürfelten, gedünsteten Zwiebel und 1 EL gehackter Petersilie mischen (nicht drücken).

2 Je zwei Blätter Alufolie mit Frischhaltefolie belegen. Die Masse darauf zu länglichen Rollen von etwa 5 cm Ø formen. Erst in Frischhalte-, dann in Alufolie einrollen. Die Enden fest zusammendrehen.

3 Die Knödelrollen in einem großen Topf mit leicht siedendem Wasser etwa 30 Minuten garen. Aus dem Wasser heben, die Knödelrollen aus der Folie wickeln und heiß in Scheiben schneiden.

KALBSBEUSCHERL
MIT GEBRATENEN PFIFFERLINGEN

Zutaten für 4 Personen

Für das Kalbsbeuscherl:

600 g Kalbslunge (küchenfertig)
300 g Kalbsherz (küchenfertig)
2 Zwiebeln · 2 Lorbeerblätter
3 Gewürznelken
½ TL schwarze Pfefferkörner
8 Wacholderbeeren
4 Scheiben Ingwer · Salz
100 ml Weißweinessig
1 Knoblauchzehe (in Scheiben)
1 Stück unbehandelte
Zitronenschale
1 Karotte
100 g Knollensellerie
1–2 TL Puderzucker
⅛ l Weißwein
½–1 EL Tomatenmark
½ l Hühnerbrühe
150 ml Essiggurkensud
100 g Sahne · 1 EL Speisestärke
3 EL kalte Butter
1 TL scharfer Senf
1 mittelgroße Essiggurke
(siehe S. 24)
getrockneter Majoran · je ½ TL
gehackte Kapern und Sardellen
Pfeffer aus der Mühle
mildes Chilipulver

Für die gebratenen Pfifferlinge:

200 g kleine, feste Pfifferlinge
1 EL braune Butter (siehe S. 13)
gemahlener Kümmel
½ TL abgeriebene unbehandelte
Zitronenschale · mildes Chilisalz
1 EL Petersilienblätter (frisch
geschnitten)

1 Am Vortag die Lunge und das Herz mehrere Stunden in kaltes Wasser legen. Das Wasser zwischendurch einmal erneuern. Zwiebeln schälen, 1 Lorbeerblatt mit den Nelken auf 1 Zwiebel feststecken. Die Außenseite der Lunge mehrmals mit einem spitzen Messer anstechen, damit der Sud eindringen kann. Lunge und Herz in einen Topf geben, mit Wasser gut bedecken, die gespickte Zwiebel mit Pfefferkörnern, 6 Wacholderbeeren und 3 Ingwerscheiben dazugeben, leicht salzen.

2 Die Innereien knapp unter dem Siedepunkt weich garen, dabei den aufsteigenden Schaum entfernen. Nach etwa 40 Minuten den Essig dazugeben und die Lunge wenden (die Lunge dreht sich nach dem Wenden häufig wieder zurück, gegebenenfalls fixieren). Die Lunge nach weiteren 40 Minuten Garzeit herausnehmen und mit Frischhaltefolie zugedeckt beiseitestellen.

3 Das Herz weitere 20 Minuten garen. Den Sud durch ein Sieb abgießen und auffangen, die Gewürze entfernen. Die gekochte Lunge und das Herz im Sud über Nacht auskühlen lassen, dabei gut beschweren.

4 Am nächsten Tag die ausgekühlten Innereien erst in dünne Scheiben, dann in feine Streifen schneiden. Ein Lorbeerblatt, 1 Gewürznelke, 2 angedrückte Wacholderbeeren, Knoblauch, Ingwer und Zitronenschale in ein Gewürzsäckchen füllen und verschließen. Karotte, Sellerie und übrige Zwiebel schälen und in feine Streifen schneiden.

5 Puderzucker in einem Topf hell karamellisieren und das Gemüse darin andünsten. Wein angießen, fast völlig einköcheln lassen. Tomatenmark unterrühren und die Brühe mit dem Gurkensud angießen. Gewürzsäckchen dazugeben, das Gemüse 5 bis 10 Minuten knapp unter dem Siedepunkt weich ziehen lassen. Anschließend durch ein Sieb gießen und den Sud auffangen, das Gewürzsäckchen dabei entfernen.

6 Die Sahne zum Kochsud geben und bei mittlerer Hitze aufkochen. Speisestärke mit wenig kaltem Wasser glatt rühren und in den Sud geben, bis dieser sämig bindet. 2 EL kalte Butter mit dem Senf unterrühren. Die Essiggurke abtropfen lassen, in Streifen schneiden und mit den Fleisch- und Gemüsestreifen zur Sauce geben. Mit 1 bis 2 TL Weißweinessig, 1 Prise Majoran, den Kapern und Sardellen sowie Salz, Pfeffer und Chilipulver würzen und warm halten.

7 Die Pfifferlinge putzen, falls nötig, trocken abreiben und in einer Pfanne in brauner Butter anbraten, mit 1 Prise Kümmel, Zitronenschale und Chilisalz würzen, Petersilie hinzufügen. Das Kalbsbeuscherl mit den Pfifferlingen in vorgewärmten tiefen Tellern anrichten.

GESCHNETZELTE KALBSLEBER MIT APFEL-SPECK-PÜREE

1 Für das Apfel-Speck-Püree die Kartoffeln waschen und mit der Schale in einem Topf in Salzwasser mit dem Kümmel weich garen. Die Kartoffeln abgießen, kurz ausdampfen lassen und noch heiß pellen. 1 kleine Kartoffel (ca. 60 g) für die Sauce beiseitelegen, die restlichen Kartoffeln durch die Kartoffelpresse drücken.

2 Den Speck in Streifen schneiden. Das Öl in einer Pfanne erhitzen und den Speck darin knusprig braun braten. Herausnehmen und auf Küchenpapier abtropfen lassen. Die Zwiebel schälen und in feine Würfel schneiden. Den Apfel waschen, vierteln, entkernen und ebenfalls in kleine Würfel schneiden. Das Öl in der Speckpfanne mit Küchenpapier austupfen und Zwiebel- und Apfelwürfel darin andünsten.

3 Die Milch erhitzen und mit einem Kochlöffel unter die durchgedrückten Kartoffeln rühren. Die braune Butter hinzufügen und das Püree mit Salz und Muskatnuss würzen. Den Speck sowie die Zwiebel- und Apfelwürfel unterrühren und das Püree warm halten.

4 Für die Sauce die Brühe und die Sahne in einem Topf erhitzen, die gekochte Kartoffel grob zerkleinern und hinzufügen. Alles mit einem Stabmixer pürieren. Kalte Butter, Meerrettich und Senf untermixen und die Sauce mit Salz, Pfeffer, je 1 Prise Zucker und Chilipulver sowie einigen Tropfen Zitronensaft abschmecken. Warm halten.

5 Die Kalbsleber sorgfältig putzen, waschen und trocken tupfen. Die Leber in dünne Scheiben und diese wiederum in Streifen schneiden. Das Mehl in einen tiefen Teller geben und die Leberstreifen darin wenden. In einer Pfanne 1 bis 2 TL Öl erhitzen und die Leberstreifen darin bei mittlerer Hitze portionsweise jeweils ½ bis 1 Minute anbraten, dabei immer etwas Öl hinzufügen.

6 Die Leberstreifen in die Sauce legen und darin knapp unter dem Siedepunkt noch 1 Minute ziehen lassen, gegebenenfalls etwas nachwürzen. Die geschnetzelte Kalbsleber mit der Sauce und dem Apfel-Speck-Püree auf vorgewärmten Tellern anrichten und mit Schnittlauchröllchen bestreuen.

Zutaten für 4 Personen

Für das Apfel-Speck-Püree:
1 kg mehligkochende Kartoffeln
Salz
½ TL ganzer Kümmel
2 EL Öl
8 Scheiben Frühstücksspeck
1 kleine Zwiebel
1 kleiner Apfel
¼ l Milch
2 EL braune Butter (siehe S. 13)
frisch geriebene Muskatnuss

Für die Kalbsleber:
¼ l Hühnerbrühe
80 g Sahne
20 g kalte Butter
3 EL Sahnemeerrettich
(siehe S. 18)
2 TL scharfer Senf
Salz · Pfeffer aus der Mühle
Zucker
mildes Chilipulver
Zitronensaft
500 g Kalbsleber (küchenfertig)
50 g doppelgriffiges Mehl
2–3 EL Öl
1–2 EL Schnittlauchröllchen

BÖFFLAMOTT MIT GEMISCHTEN KNÖDELN UND ESSIGZWETSCHGEN

Zutaten für 4 Personen

Für die gemischten Knödel (8 Stück):

250 g mehligkochende Kartoffeln
Salz · 1 TL ganzer Kümmel
100 g Semmeln (vom Vortag)
90 ml Milch
1 gestr. TL Speisestärke
2 EL Hartweizengrieß · 2 Eier
1 EL flüssige braune Butter (siehe
S. 13) · Pfeffer aus der Mühle
frisch geriebene Muskatnuss
1 Msp. abgeriebene unbehandelte
Zitronenschale · 1 Lorbeerblatt
1 getrocknete rote Chilischote
1 Knoblauchzehe (geschält und
halbiert) · 2 Scheiben Ingwer

Für das Böfflamott:

2 Zwiebeln · 100 g Knollensellerie
1 kleine Karotte · 2–3 EL Öl
1 ½ kg flache Rinderschulter
(Schaufelbug; küchenfertig)
1 EL Puderzucker · 1 EL Tomaten-
mark · 5 EL Weinbrand · 350 ml
kräftiger Rotwein · 1 l Hühnerbrühe
je ½ TL Piment- und schwarze
Pfefferkörner · 2 grüne Kardamom-
kapseln · 1 Lorbeerblatt
1 Stück Zimtrinde · 5 Wacholder-
beeren (leicht angedrückt)
1 Knoblauchzehe (geschält und
halbiert) · 2 Scheiben Ingwer
je 1 Streifen unbehandelte Zitronen-
und Orangenschale
1 EL Speisestärke · 7–8 EL Essig-
zwetschgenfond (siehe S. 25)
Salz · 1–2 EL kalte Butter
12 Essigzwetschgen (siehe S. 25)

1 Für die Knödel die Kartoffeln waschen und in Salzwasser mit Kümmel weich garen. Abgießen, kurz ausdampfen lassen, möglichst heiß pellen und durch die Kartoffelpresse drücken. Die durchgepressten Kartoffeln auf einem großen Teller ausbreiten und ausdampfen lassen. Zugedeckt im Kühlschrank mehrere Stunden abkühlen lassen.

2 Für das Böfflamott Zwiebeln, Sellerie und Karotte schälen und in 1 cm große Würfel schneiden. In einem Schmortopf 1 bis 2 EL Öl erhitzen und die Rinderschulter darin bei mittlerer Hitze rundum anbraten, herausnehmen. Puderzucker hineinstäuben und hell karamellisieren, Tomatenmark unterrühren und kurz anrösten. Mit Weinbrand und einem Drittel des Weins ablöschen und sämig einkochen. Restlichen Wein nach und nach angießen und jeweils einkochen lassen.

3 Gemüsewürfel und Brühe dazugeben, das Fleisch hineinsetzen und knapp unter dem Siedepunkt 3½ Stunden schmoren, den Deckel so auflegen, dass noch ein Spalt offen bleibt. Das Fleisch ab und zu wenden. Nach etwa 2½ Stunden die Gewürze hinzufügen. 30 Minuten vor Ende der Garzeit Knoblauch, Ingwer, Zitronen- und Orangenschale dazugeben und mitziehen lassen.

4 Das gegarte Fleisch herausnehmen und warm halten. Die Sauce durch ein Sieb abgießen, dabei das Gemüse etwas ausdrücken. Die Sauce auf etwa die Hälfte einköcheln lassen. Die Speisestärke mit wenig kaltem Wasser glatt rühren. Unter die köchelnde Sauce rühren, bis diese leicht sämig bindet. Ein bis 2 EL Essigzwetschgenfond hinzufügen, die Sauce mit Salz abschmecken und warm halten.

5 Für die Knödel die Semmeln in dünne Scheiben schneiden. Die Milch aufkochen, darübergießen und zugedeckt 5 Minuten ziehen lassen. Den Kartoffelschnee mit Semmeln, Stärke, Grieß, Eiern, brauner Butter, Salz, Pfeffer, Muskatnuss und Zitronenschale zu einem glatten Knödelteig verarbeiten. Mit angefeuchteten Händen 8 Knödel formen. In einem Topf Salzwasser aufkochen, Lorbeerblatt, Chili, Knoblauch und Ingwer hinzufügen. Die Knödel darin knapp unter dem Siedepunkt etwa 20 Minuten gar ziehen lassen, herausnehmen.

6 Für die Essigzwetschgen den restlichen Zwetschgenfond in einem Topf erhitzen, die kalte Butter hineinrühren und die Essigzwetschgen darin bei sanfter Hitze erwärmen.

7 Das Böfflamott in Scheiben schneiden und mit der Sauce auf vorgewärmten Tellern anrichten. Die Knödel und die Essigzwetschgen dazu reichen. Nach Belieben mit Brokkoligemüse servieren.

WÜRFEL VON DER RINDERSCHULTER IN 7-PFEFFER-SAUCE

Zutaten für 4 Personen

2 Zwiebeln · 100 g Knollensellerie
1 kleine Karotte · 2–3 EL Öl
1,5 kg flache Rinderschulter
(Schaufelbug; küchenfertig)
2 EL Puderzucker
1 EL Tomatenmark
5 EL Weinbrand (z. B. Cognac)
350 ml kräftiger Rotwein
1 l Hühnerbrühe
1 Stück Zimtrinde
5 Wacholderbeeren
(leicht angedrückt)
1 Lorbeerblatt
2 TL »7-Pfeffer-Mischung«
(ersatzweise eine Mischung aus
je ¼–½ TL grob geschrotetem
schwarzen Pfeffer, Piment, grünem
Pfeffer, Szechuanpfeffer, Rosa
Pfefferbeeren, Kubebenpfeffer und
¼ TL milden Chiliflocken)
1 Knoblauchzehe (in Scheiben)
2 Scheiben Ingwer
je 1 Streifen unbehandelte Zitronen-
und Orangenschale
40 g kalte Butter · Salz

1 Den Backofen auf 150 °C vorheizen. Die Zwiebeln, den Sellerie und die Karotte schälen und alles in 1 cm große Würfel schneiden.

2 In einem Bräter 1 bis 2 EL Öl erhitzen und die Rinderschulter darin bei mittlerer Hitze rundum anbraten, herausnehmen. 1 EL Puderzucker hineinstäuben und hell karamellisieren. Tomatenmark unterrühren und kurz anrösten. Mit dem Weinbrand und einem Drittel des Weins ablöschen und sirupartig einkochen lassen. Den restlichen Wein nach und nach angießen, jeweils einköcheln lassen.

3 Das übrige Öl in einer Pfanne erhitzen und die Gemüsewürfel darin bei mittlerer Hitze andünsten. Das Gemüse und die Brühe in den Bräter geben. Die Rinderschulter daraufsetzen und zugedeckt im Ofen auf der untersten Schiene etwa 3½ Stunden schmoren, dabei das Fleisch ab und zu wenden.

4 Das Fleisch herausnehmen, etwas abkühlen lassen und in 2 bis 3 cm große Würfel schneiden, nach Belieben die weiche Sehne dabei entfernen. Zimtrinde, Wacholderbeeren und Lorbeerblatt in die Sauce geben und die Sauce auf etwa die Hälfte einköcheln lassen. Die Pfeffermischung mit Knoblauch- und Ingwerscheiben sowie Zitronen- und Orangenschale hinzufügen und 5 Minuten in der Sauce ziehen lassen.

5 Die Sauce durch ein feines Sieb abgießen, dabei das Gemüse etwas ausdrücken. Die Butter unter die Sauce rühren und die Fleischwürfel in der Sauce heiß werden lassen, mit Salz abschmecken.

6 Die Rinderwürfel auf vorgewärmte Teller verteilen und die 7-Pfeffer-Sauce darum herumträufeln. Dazu passen Kartoffel-Sellerie-Püree, Buttermilchspätzle oder Fingernudeln (siehe S. 122).

MEIN TIPP:

Der sogenannte »7er-Pfeffer« ist eine Mischung aus sieben verschiedenen »Pfeffersorten«, wobei jedoch nur schwarzer und grüner Pfeffer als echte Pfeffersorten gelten. Die übrigen Zutaten sind pfefferähnliche Gewürze. Die Mischung ist besonders aromatisch und von mittlerer Schärfe. Sie eignet sich auch zum Würzen von Rahmkraut, für Dips und als Brotzeitgewürz.

ROSTBRATEN GRATINIERT MIT SELLERIEPÜREE UND KRÄUTERN

1 Für die Kräuter-Gratiniermasse die weiche Butter schaumig rühren. Senf, Rosmarin, Petersilie, Parmesan, Knoblauch und Weißbrotbrösel dazugeben und alles mit Salz und Pfeffer würzen. Die Masse auf Pergamentpapier setzen, zu einer Rolle von etwa 3 cm Durchmesser formen und die Enden einschlagen. Die Rolle ½ bis 1 Stunde in den Kühlschrank legen.

2 Für das Püree den Sellerie schälen und in 1 cm große Würfel schneiden. Die Brühe in einem Topf erhitzen und die Selleriewürfel darin zugedeckt etwa 20 Minuten weich garen. Den Sellerie in ein Sieb abgießen, dabei die Kochflüssigkeit auffangen. Den Sellerie im Küchenmixer oder mit dem Stabmixer pürieren, dabei so viel Kochflüssigkeit wie nötig hinzufügen. Zum Schluss die kalte Butter untermixen und das Selleriepüree mit Salz, Pfeffer und Muskatnuss abschmecken.

3 Für den Rostbraten den Backofengrill einschalten. Die Rinderlendenscheiben mit dem Handballen etwas flach drücken. Das Öl in einer Pfanne erhitzen und das Fleisch darin bei mittlerer Hitze auf jeder Seite etwa 2 ½ Minuten braten. Aus der Pfanne nehmen, auf Küchenpapier abtropfen lassen und mit Salz und Pfeffer würzen.

4 Je 1 EL Selleriepüree auf jede Rinderrückenscheibe streichen. Die gekühlte Kräuter-Gratiniermasse in dünne Scheiben schneiden und auf das Selleriepüree legen. Die Fleischscheiben auf ein Backblech setzen und im Ofen auf der mittleren Schiene etwa 4 Minuten goldbraun überbacken.

5 Die gratinierten Rinderscheiben mit dem restlichen Selleriepüree auf vorgewärmten Tellern anrichten. Dazu passt Bohnengemüse.

Zutaten für 4 Personen
Für die Kräuter-Gratiniermasse:

125 g weiche Butter
1–2 TL scharfer Senf
1 EL Rosmarinnadeln
(fein gehackt)
1 EL Petersilienblätter
(frisch geschnitten)
1 TL frisch geriebener Parmesan
1 gehackte Knoblauchzehe
50 g Weißbrotbrösel
Salz · Pfeffer aus der Mühle

Für das Selleriepüree:

500 g Knollensellerie
⅛ l Gemüsebrühe (siehe S. 11)
60 g kalte Butter
Salz · Pfeffer aus der Mühle
frisch geriebene Muskatnuss

Für den Rostbraten:

4 Rinderrückenscheiben
(à ca. 150 g)
1 EL Öl
Salz · Pfeffer aus der Mühle

MEIN TIPP:

Mit der in Scheiben geschnittenen Kräuter-Gratiniermasse lässt sich sowohl Fleisch als auch Fisch oder Gemüse belegen und unter dem vorgeheizten Backofengrill einige Minuten goldbraun überbacken.

RINDERFILET UND TATAR IM SCHINKENMANTEL MIT RETTICH UND PERLZWIEBELN

Zutaten für 4 Personen

Für Rettich und Perlzwiebeln:

1 Stück Rettich (aus der Mitte; ca. 7 cm lang) · Salz · 180 ml Gemüsebrühe (siehe S. 11) · 1–2 EL Butter mildes Chilisalz · 100 g Perlzwiebeln · 2 TL Puderzucker 2 cl Wermut (z. B. Noilly Prat) 50 ml Weißwein

Für die Sauce:

1 TL Speisestärke · ¼ l braune Grundsauce (siehe S. 12) · 1 kleine Knoblauchzehe (in Scheiben) 1 Scheibe Ingwer · 1 Zweig Rosmarin · ½ Streifen unbehandelte Zitronenschale · Salz · Pfeffer aus der Mühle · 1 EL kalte Butter

Für das Tatar:

125 g mageres Rindfleisch (aus der Oberschale) · Salz · Zucker ½ kleine Schalotte · 1 kleines Sardellenfilet · ½ Cornichon ½ TL Kapern · 1–2 TL mildes Olivenöl · 1 TL bayerischer Ketchup (siehe S. 16) ½ TL scharfer Senf · milde Chiliflocken · je 1 Msp. gemahlene Kurkuma und Paprikapulver (edelsüß) Pfeffer aus der Mühle 4 dünne Scheiben Rohschinken

Für das Rinderfilet:

1 l Hühnerbrühe · 4 Rinderfiletsteaks (à ca. 70 g; ca. 5 cm Durchmesser) · 1 TL Öl · 1 EL braune Butter · mildes Chilisalz

1 Rettich schälen und in 4 Rechtecke von 4 x 7 cm Größe und 3 mm Dicke schneiden. Die Stücke in kochendem Salzwasser 1 Minute blanchieren, kalt abschrecken, abtropfen lassen. Zum Servieren in 100 ml Brühe erhitzen, 1 TL Butter dazugeben und mit Chilisalz würzen.

2 Die Perlzwiebeln 1 bis 2 Minuten in Wasser kochen, in ein Sieb abgießen, abtropfen lassen und schälen. Den Puderzucker in einem Topf bei mittlerer Hitze hell karamellisieren, mit Wermut und Wein ablöschen und kurz einköcheln lassen. Übrige Brühe mit den Perlzwiebeln dazugeben und zugedeckt etwa 45 Minuten gerade weich garen. Den Deckel abnehmen und die Flüssigkeit etwa 5 Minuten fast vollständig einköcheln lassen. Die restliche Butter unterrühren.

3 Inzwischen die Speisestärke mit wenig kaltem Wasser glatt rühren. Die Grundsauce in einem Topf erhitzen und mit der Speisestärke sämig binden. Mit Knoblauch, Ingwer, Rosmarin, Zitronenschale, Salz und Pfeffer würzen und kurz ziehen lassen. Die ganzen Gewürze wieder entfernen und die kalte Butter hineinrühren.

4 Für das Tatar das Rindfleisch in grobe Würfel schneiden, mit Salz und 1 Prise Zucker würzen und durch den Fleischwolf drehen. Die Schalotte schälen, in feine Würfel schneiden und in kochendem Salzwasser 2 Minuten blanchieren. In ein Sieb abgießen, kalt abschrecken und abtropfen lassen.

5 Sardellenfilet, Cornichon und Kapern abtropfen lassen und fein hacken. Alles mit Tatar, Schalotten, Olivenöl, Ketchup, Senf, 1 Prise Chiliflocken, Kurkuma und Paprikapulver mischen. Mit Salz und Pfeffer kräftig würzen. Die Schinkenscheiben halbieren und je 2 Hälften leicht überlappend nebeneinander auf die Arbeitsfläche legen. Auf jede Scheibe ein Viertel der Tatarmasse setzen und so darin einwickeln, dass kleine Röllchen entstehen.

6 Für das Rinderfilet die Brühe in einem Topf aufkochen. Vom Herd nehmen und die Brühe auf etwa 90 °C abkühlen lassen. Die Rinderfilets hineinlegen und darin etwa 8 Minuten ziehen lassen. Herausnehmen und trocken tupfen. Mit einem Pinsel das Öl in einer Grillpfanne verteilen und die Steaks darin auf beiden Seiten kurz braten. Mit der braunen Butter bestreichen und mit Chilisalz würzen.

7 Je 1 Rettichscheibe auf einen vorgewärmten Teller setzen und 1 Tatar-Schinken-Röllchen darauflegen. Die Filetscheiben halbieren und daneben anrichten, die Sauce darum herumträufeln. Mit den Perlzwiebeln und Kräuterblättern nach Belieben garnieren.

ÜBERBACKENES STEAK
MIT ZWEIERLEI BOHNEN

Zutaten für 4 Personen

Für die überbackenen Rindersteaks:

125 g weiche Butter
1 TL Thymianblätter
(fein gehackt)
je 1 Msp. geriebener Knoblauch
und geriebener Ingwer
½ TL Dijon-Senf
50 g Weißbrotbrösel
mildes Chilisalz
Pfeffer aus der Mühle
1–2 TL Öl
4 Rinderrückensteaks (à ca. 200 g)

Für die Bohnen:

400 g breite Bohnen
Salz
2 EL braune Butter (siehe S. 13)
½ – 1 TL getrocknetes Bohnenkraut
20 g Butter
300 g große weiße Bohnen
(aus der Dose)
4 EL Gemüsebrühe (siehe S. 11)
200 g bayerischer Ketchup
(siehe S. 16)

1 Für die Gratiniermasse die weiche Butter schaumig rühren. Den Thymian, den Knoblauch, den Ingwer, den Senf und die Brösel dazugeben und die Masse mit dem Chilisalz und dem Pfeffer würzen. Die Buttermischung auf ein Pergamentpapier setzen, zu einer Rolle formen, die Enden einschlagen und die Rolle mindestens 1 Stunde in den Kühlschrank legen.

2 Für die Steaks den Backofen auf 100 °C vorheizen. In die mittlere Schiene ein Ofengitter und in die unterste Schiene ein Abtropfblech schieben. Das Öl in einer Pfanne erhitzen und die Rindersteaks darin rundum anbraten. Aus der Pfanne nehmen, auf das Ofengitter setzen und im Ofen etwa 30 Minuten rosa durchziehen lassen.

3 Das Fleisch samt Gitter und Blech aus dem Ofen nehmen und den Ofen auf Grillfunktion vorheizen. Die Gratinierbutter in Scheiben schneiden und auf den Steaks verteilen. Die Steaks auf das Blech setzen und mit Salz und Pfeffer würzen. Kurz vor dem Servieren die Steaks unter dem Grill 3 bis 4 Minuten goldbraun gratinieren.

4 Für die zweierlei Bohnen die breiten Bohnen putzen, waschen und schräg in 1 bis 2 cm breite Stücke schneiden. In Salzwasser blanchieren, in ein Sieb abgießen, kalt abschrecken und auf dem Sieb abtropfen lassen. Die braune Butter in einer Pfanne erhitzen und die Bohnen darin bei milder Hitze andünsten, mit dem Bohnenkraut und Salz würzen und zum Schluss die Butter hineinschmelzen.

5 Die weißen Bohnen in ein Sieb abgießen, kalt abbrausen und auf dem Sieb abtropfen lassen. Die weißen Bohnen mit der Brühe und dem Ketchup in einen Topf füllen und darin vorsichtig erhitzen.

6 Die überbackenen Steaks auf vorgewärmte Teller setzen und die breiten Bohnen sowie die weißen Bohnen daneben anrichten.

MEIN TIPP:

Das Rindfleisch für die Steaks sollte mindestens 3 Wochen abgehangen sein, dadurch wird es zart. Auf dem Ofengitter wird das Steak rundum von der Hitze durchströmt und zieht gleichmäßig rosa durch.

OCHSENBRUST IN DER SENFKRUSTE MIT BRUNNENKRESSESAUCE

1 Für die Ochsenbrust 1 Zwiebel ungeschält halbieren und die Schnittfläche in einer Pfanne ohne Fett bräunen. Die Ochsenbrust in einer Pfanne in 1 EL Öl bei mittlerer Hitze rundum anbraten. Mit etwa 2 ½ l Wasser in einen Topf setzen, sodass das Fleisch gut bedeckt ist. Die Zwiebelhälften dazugeben und das Fleisch zugedeckt bei milder Hitze knapp unter dem Siedepunkt etwa 3 Stunden gar ziehen lassen.

2 Sellerie, Karotten und Petersilienwurzel schälen, den Lauch putzen und waschen und alles in große Stücke geschnitten nach etwa 2 Stunden zum Fleisch dazugeben. Wacholder, Piment, Pfeffer, Knoblauch, Ingwer und Lorbeerblatt ebenfalls hinzufügen und mitziehen lassen.

3 Das Fleisch aus der Brühe nehmen und die Brühe durch ein feines Sieb gießen. 300 ml Brühe für die Sauce abnehmen und beiseitestellen. Vom abgekühlten Fleisch das äußere Fett entfernen und 600 g in etwa ½ cm dicke Scheiben schneiden. Jede Scheibe etwa 2 mm dick mit Senf bestreichen und mit der Senfseite in Mehl legen. Wenden, die zweite Seite ebenfalls mit Senf bestreichen und in Mehl legen.

4 Die Ochsenbrustscheiben in einer Pfanne in 4 EL Öl bei mittlerer Hitze rundum goldbraun braten. Herausnehmen, auf Küchenpapier abtropfen lassen, leicht mit Chilisalz würzen und warm halten.

5 Für den Salat die Radieschen putzen, waschen und in dünne Scheiben schneiden. Die Äpfel waschen, entkernen und in Stücke schneiden. Radieschen und Apfelstücke mit Essig, Brühe, Chilisalz, 1 Prise Zucker und Öl marinieren. Zuletzt den Schnittlauch unterheben.

6 Für die Sauce die Kartoffel schälen, waschen und in ½ cm große Würfel schneiden. In der beiseitegestellten (300 ml) Brühe mit Chili, Lorbeerblatt und Knoblauch knapp unter dem Siedepunkt 20 Minuten weich garen. Chili und Lorbeerblatt wieder entfernen. Die Brunnenkresse verlesen, waschen und trocken tupfen, grobe Stiele entfernen. Mit der Sahne, den Kartoffelwürfeln, etwa 100 ml Kartoffelbrühe und der kalten Butter mit dem Stabmixer sämig pürieren. Mit Chilisalz, Zitronenschale und 1 Prise Muskatnuss würzen.

7 Für die Selleriechips das Frittierfett auf 175 °C erhitzen. Sellerie schälen und in 1 bis 2 mm dünne Scheiben schneiden, diese wiederum in einzelne Scheiben von 4 x 4 cm Größe schneiden. Hellbraun frittieren, auf Küchenpapier abtropfen lassen und mit Chilisalz würzen. Die Sauce mit dem Stabmixer aufschäumen und auf vorgewärmte Teller verteilen. Die Ochsenbrustscheiben und den Salat darauf anrichten. Mit den Selleriechips und frischer Brunnenkresse garnieren.

Zutaten für 4 Personen

Für die Ochsenbrust:

1 Zwiebel · 800 g Ochsenbrustkern
5 EL Öl · 200 g Knollensellerie
2 Karotten · 1 Petersilienwurzel
1 kleine Stange Lauch
5 Wacholderbeeren · 3 Pimentkörner
1 TL schwarze Pfefferkörner
1 Knoblauchzehe (in Scheiben)
1 Scheibe Ingwer · 2 Lorbeerblätter
150 g Zwiebelsenf (siehe S. 14)
100 g doppelgriffiges Mehl
mildes Chilisalz

Für den Salat:

200 g Radieschen · 2 kleine rotschalige Äpfel · 2 EL Apfelessig
3 EL Gemüsebrühe (siehe S. 11)
mildes Chilisalz · Zucker
2–3 EL mildes Salatöl
1 EL Schnittlauchröllchen

Für die Brunnenkressesauce:

ca. 120 g mehligkochende Kartoffel
1 kleine getrocknete rote Chilischote
1 Lorbeerblatt
1 Knoblauchzehe (in Scheiben)
2 Handvoll Brunnenkresseblätter
100 g Sahne · 1 EL kalte Butter
mildes Chilisalz · 1 Msp. abgeriebene unbehandelte Zitronenschale
frisch geriebene Muskatnuss

Außerdem:

Fett zum Frittieren
350 g Knollensellerie
mildes Chilisalz
frische Brunnenkresse

LAMMKARREE AUF GEGRILLTEM FENCHEL MIT PAPRIKA UND LAVENDELJOGHURT

Zutaten für 4 Personen

Für den Lavendeljoghurt:

je 1 TL Anissamen, Fenchel- und Korianderkörner · 200 g Rahmjoghurt · 1 EL Brühe · ½ TL Lavendelblüten · je 1 Msp. geriebener Knoblauch und Ingwer · 1 Msp. Vanillemark · mildes Chilisalz · Zucker

Für den Grillfenchel:

8 Babyfenchel (à 45–50 g) 1 EL mildes Olivenöl · Salz

Für die Paprika:

je 1 rote und gelbe Paprikaschote 1 große weiße Zwiebel · 1–2 TL Öl 1 Knoblauchzehe (in Scheiben) 1 Scheibe Ingwer · 1 Lorbeerblatt 80 ml Gemüsebrühe (siehe S. 11) 1 kleiner Zweig Rosmarin 1–2 EL braune Butter (siehe S. 13) mildes Chilisalz

Für das Lammkarree:

1 EL Öl · 2 Lammkarrees (ca. 350 g; küchenfertig) 3–4 EL braune Butter 1 Knoblauchzehe (in Scheiben) 1 Scheibe Ingwer · 1 Zimtsplitter ¼ ausgekratzte Vanilleschote 1 Zweig Rosmarin · mildes Chilisalz

Außerdem:

200 g Cocktailtomaten 1 EL Olivenöl · 1 Zweig Rosmarin 1 Knoblauchzehe (in Scheiben) ¼ ausgekratzte Vanilleschote mildes Chilisalz

1 Für den Lavendeljoghurt die Anissamen, Fenchel- und Korianderkörner vermischen und in eine Gewürzmühle füllen. Den Joghurt mit der Brühe glatt rühren. Die Lavendelblüten sowie Knoblauch, Ingwer und Vanillemark hineinrühren, mit den Gewürzen aus der Mühle würzen und mit dem Chilisalz und 1 Prise Zucker abschmecken. Nach Belieben mit etwas brauner Butter verfeinern.

2 Den Fenchel putzen, waschen, die holzigen Stängel entfernen und die Knollen längs halbieren. In einer Grillpfanne bei mittlerer Hitze ohne (oder mit wenig) Öl auf beiden Seiten hell anbraten. Zum Schluss mit Olivenöl beträufeln und mit Salz würzen, warm stellen.

3 Die Paprika vierteln, entkernen und waschen. Mit dem Sparschäler häuten und in etwa 1½ cm große Rauten schneiden. Die Zwiebel schälen und ebenfalls in Rauten schneiden. Wenig Öl in einem Topf erhitzen und die Zwiebel- und Paprikarauten darin andünsten.

4 Die Knoblauch- und Ingwerscheiben sowie das Lorbeerblatt hinzufügen, alles mit der Brühe ablöschen und 10 bis 15 Minuten knapp unter dem Siedepunkt bissfest garen. Kurz vor Ende der Garzeit den Rosmarin mitziehen lassen, anschließend die Gewürze wieder entfernen. Die braune Butter hinzufügen und das Gemüse mit 1 Prise Chilisalz würzen, warm stellen.

5 Für das Lammkarree den Backofen auf 100 °C vorheizen, ein Ofengitter in die mittlere Schiene und ein Abtropfblech in die unterste Schiene schieben. Das Öl in einer Pfanne erhitzen und die Lammkarrees darin bei mittlerer Hitze rundum anbraten. Auf das Ofengitter legen und im Ofen 50 bis 60 Minuten rosa durchziehen lassen.

6 Die braune Butter in einer Pfanne bei milder Hitze erwärmen. Knoblauch- und Ingwerscheiben, Zimtsplitter, Vanilleschote und Rosmarinzweig hinzufügen und alles einige Minuten ziehen lassen. Mit Chilisalz würzen. Das Lammkarree aus dem Ofen nehmen, in Scheiben schneiden und in der Gewürzbutter wenden, warm stellen.

7 Die Cocktailtomaten waschen und abtrocknen. In einer Pfanne bei mittlerer Hitze im Öl vorsichtig erwärmen, bis die Haut leicht aufplatzt. Gleichzeitig Rosmarin, Knoblauch und Vanille mitziehen lassen. Zum Schluss mit Chilisalz würzen.

8 Den Fenchel auf vorgewärmten Tellern anrichten und das Paprikagemüse dazugeben. Die Lammkarrees auf dem Gemüse verteilen, die Cocktailtomaten und den Lavendeljoghurt darum herum anrichten.

LAMMRAGOUT AUF BREITEN BANDNUDELN

Für das Lammragout:

800 g Lammfleisch
(aus der Schulter)
2 Zwiebeln · ½ Karotte
120 g Knollensellerie
4–5 EL Öl
1 TL Puderzucker
1 EL Tomatenmark
200 ml Rotwein
1 l Hühnerbrühe
1 Lorbeerblatt · 2 Tomaten
2 Knoblauchzehen
(geschält und halbiert)
2 Scheiben Ingwer
1 Zweig Rosmarin
1 Streifen unbehandelte
Zitronenschale
20 g kalte Butter
Salz · Pfeffer aus der Mühle
mildes Chilipulver

Für die Bandnudeln:
Salz
1 getrocknete rote Chilischote
1 Scheibe Ingwer
200 g breite Bandnudeln
150 ml Gemüsebrühe (siehe S. 11)
1 EL Petersilienblätter
(frisch geschnitten)
1 EL braune Butter (siehe S. 13)

1 Für das Ragout das Lammfleisch in 2 bis 3 cm große Würfel schneiden. Die Zwiebeln, die Karotte und den Sellerie schälen und jeweils in ½ cm große Würfel schneiden.

2 In einer Pfanne 1 EL Öl erhitzen und das Gemüse darin bei mittlerer Hitze andünsten. Die Lammfleischwürfel in einem Schmortopf bei mittlerer Hitze jeweils in 1 bis 2 EL Öl portionsweise anbraten und wieder herausnehmen.

3 Den Puderzucker in den Schmortopf stäuben und hell karamellisieren. Das Tomatenmark unterrühren und kurz mitrösten. Mit der Hälfte des Weins ablöschen und sirupartig einköcheln lassen. Den restlichen Wein hinzufügen und ebenfalls einköcheln lassen. Das angebratene Fleisch mit den angedünsteten Gemüsewürfeln dazugeben und die Brühe angießen. Den Deckel so auflegen, dass ein Spalt offen bleibt. Das Ragout 2 bis 2½ Stunden knapp unter dem Siedepunkt weich schmoren. Nach 1½ bis 2 Stunden Garzeit den Deckel abnehmen und das Lorbeerblatt hinzufügen, offen fertig garen.

4 Die Tomaten kreuzweise einritzen, überbrühen, häuten, vierteln und entkernen. Die Tomatenviertel in Würfel schneiden, dabei die Stielansätze entfernen. Kurz vor Garzeitende die Tomatenwürfel unter das Ragout rühren. Knoblauch, Ingwer, Rosmarin und Zitronenschale in die Sauce dazugeben, einige Minuten darin ziehen lassen und mit dem Lorbeerblatt wieder entfernen. Die kalte Butter zur Sauce dazugeben, das Ragout mit Salz, Pfeffer und 1 Prise Chilipulver würzen.

5 Währenddessen für die Bandnudeln reichlich Salzwasser mit Chili und Ingwer aufkochen. Die Bandnudeln darin sehr bissfest garen. In ein Sieb abgießen und gut abtropfen lassen.

6 Die Brühe in einer Pfanne erhitzen, die gekochten Bandnudeln mit der Petersilie dazugeben und darin köcheln lassen, bis die Flüssigkeit fast vollständig verdampft ist. Dann die braune Butter untermischen.

7 Die Bandnudeln in vorgewärmten tiefen Tellern anrichten und das Lammragout darauf verteilen.

ROSA GEBRATENE LAMMKEULE
AUF ZWIEBEL-THYMIAN-SAUCE

1 Die Lammkeule rundum mit Joghurt einstreichen, in einen Gefrier-beutel legen und im Kühlschrank 1 bis 2 Tage marinieren.

2 Zum Braten den Backofen auf 120 °C vorheizen. Zwiebeln, Selle-rie und Karotte schälen und in Würfel schneiden. Den Joghurt mit Küchenpapier vom Fleisch abtupfen. Das Öl in einer großen Pfanne erhitzen und die Keule darin rundum anbraten, herausnehmen.

3 Den Puderzucker in die Pfanne stäuben, hell karamellisieren und die Gemüsewürfel darin andünsten. Das Tomatenmark dazugeben und kurz anrösten. Mit etwas Brühe ablöschen und alles in einen ofenfesten Bräter füllen. Die restliche Brühe angießen, die Keule darauflegen und im Ofen auf der untersten Schiene etwa 2 ½ Stunden rosa garen. Dabei ab und zu mit dem Bratenfond beträufeln.

4 Die Keule aus dem Bräter nehmen und warm halten. Die Sauce durch ein Sieb gießen und das Gemüse etwas ausdrücken. Die Sauce in einem Topf erwärmen, Pimentkörner, Knoblauch, Ingwer, Lorbeer-blatt, Zitronenschale, Vanilleschote und Thymian hinzufügen und knapp unter dem Siedepunkt einige Minuten ziehen lassen. Anschlie-ßend die Sauce durch ein Sieb gießen und mit 1 Prise Zucker und etwas Kräuter-Gewürz-Salz abschmecken. Die Sauce nach Belieben mit etwas Speisestärke binden und warm halten.

5 Für die Kürbisgraupen die Graupen in reichlich Salzwasser mit Lorbeerblatt und Chili knapp unter dem Siedepunkt etwa 30 Minuten weich kochen. In ein Sieb abgießen, kalt abbrausen und auf dem Sieb abtropfen lassen. Den Kürbis schälen und in 3 bis 4 mm große Würfel schneiden. Den Lauch putzen, waschen und ebenfalls in 3 bis 4 mm feine Würfel schneiden.

6 Den Puderzucker in einer Pfanne hell karamellisieren, die Kürbis-würfel darin andünsten und mit Brühe ablöschen. Einige Minuten knapp unter dem Siedepunkt gerade weich garen. Zum Schluss den Lauch mit den Graupen dazugeben und erhitzen. Die braune Butter dazugeben und alles mit dem Kräuter-Gewürz-Salz abschmecken.

7 Die Cocktailtomaten waschen, abtrocknen und in einer Pfanne mit Butter vorsichtig erhitzen, bis die Haut aufplatzt. Knoblauch, Vanille und Rosmarin dazugeben und die Tomaten mit Kräutersalz würzen.

8 Die Sauce auf vorgewärmte Teller verteilen und die Kürbisgraupen darum herumsetzen. Die Lammkeule in dünne Scheiben schneiden, auf die Sauce setzen und mit Kräutersalz bestreuen. Mit den Tomaten und jeweils 1 Thymianzweig garnieren.

Zutaten für 6–8 Personen

Für die Lammkeule:
1 Lammkeule (ca. 2,2 kg;
mit Knochen)
300 g Naturjoghurt
2 Zwiebeln
50 g Knollensellerie
½ kleine Karotte
2 EL Öl · 1 TL Puderzucker
½ –1 EL Tomatenmark
350 ml Hühnerbrühe
5 Pimentkörner
1 Knoblauchzehe (in Scheiben)
1 Scheibe Ingwer · 1 Lorbeerblatt
1 Streifen unbehandelte
Zitronenschale
1 Stück ausgekratzte Vanilleschote
1 Zweig Thymian · Zucker
Kräuter-Gewürz-Salz (siehe S. 10)

Für die Kürbisgraupen:
4 EL Perlgraupen (ca. 40 g)
Salz · 1 Lorbeerblatt
1 getrocknete rote Chilischote
200 g Butternut- oder Muskatkürbis
200 g Lauchstange
1 TL Puderzucker
75 ml Gemüsebrühe (siehe S. 11)
1 EL braune Butter (siehe S. 13)
Kräuter-Gewürz-Salz

Außerdem:
20 Cocktailtomaten · 1 EL Butter
1 Knoblauchzehe (in Scheiben)
1 kleines Stück ausgekratzte
Vanilleschote · 1 Zweig Rosmarin
Kräutersalz (siehe S. 10)
4 Zweige Thymian

GESCHMORTE LAMMHAXERL IN ROTWEIN-SAUCE

Zutaten für 4 Personen

1 große Zwiebel
1 Karotte
120 g Knollensellerie
½ Fenchelknolle
½ dünne Stange Lauch
3 EL Öl
4 hintere Lammhaxen
(à 300–350 g; küchenfertig)
1 EL Puderzucker
1 EL Tomatenmark
100 ml roter Portwein
¼ l kräftiger Rotwein
400 ml Hühnerbrühe
1 Lorbeerblatt
2 TL Speisestärke
1 Knoblauchzehe (geschält und
halbiert)
2 Scheiben Ingwer
1 Streifen unbehandelte
Zitronenschale
1 Zweig Thymian
Salz
Pfeffer aus der Mühle

1 Den Backofen auf 140 °C vorheizen. Die Zwiebel, die Karotte und den Sellerie schälen. Den Fenchel putzen, in einzelne Blätter teilen und diese waschen. Den Lauch putzen und waschen. Das Gemüse in etwa 1 cm große Würfel schneiden.

2 In einem Bräter 2 EL Öl erhitzen und die Lammhaxen darin bei mittlerer Hitze rundum anbraten. Die Haxen herausnehmen und das Bratenfett abgießen. Den Puderzucker in den Bräter stäuben und hell karamellisieren. Das Tomatenmark unterrühren und kurz mitrösten. Mit dem Portwein und einem Drittel des Rotweins ablöschen und sämig einkochen lassen. Den restlichen Rotwein nach und nach angießen und jeweils einköcheln lassen.

3 Das übrige Öl in einer Pfanne erhitzen und die Zwiebel, die Karotte, den Sellerie und den Fenchel darin andünsten. Das Gemüse mit der Brühe in den Bräter geben und die Haxen daraufsetzen. Alles zugedeckt im Ofen auf der mittleren Schiene etwa 3 ½ Stunden schmoren, dabei mehrmals wenden. 20 Minuten vor Ende der Garzeit das Lorbeerblatt und den Lauch hinzufügen.

4 Die Lammhaxen herausnehmen, die Sauce durch ein Sieb in einen Topf gießen. Das Gemüse und das Fleisch beiseitestellen. Die Sauce auf dem Herd etwas einköcheln lassen. Die Speisestärke mit wenig kaltem Wasser glatt rühren. In die kochende Sauce geben und 1 bis 2 Minuten bei milder Hitze köcheln.

5 Die Sauce vom Herd nehmen. Die Knoblauchhälften, die Ingwerscheiben, die Zitronenschale und den Thymianzweig einige Minuten in der Sauce ziehen lassen und wieder entfernen. Die Sauce mit Salz und Pfeffer abschmecken.

6 Gemüse und Lammhaxen in der Sauce erwärmen und auf vorgewärmten Tellern anrichten. Nach Belieben dabei das Haxerlfleisch von den Knochen lösen und quer zur Faser in Scheiben schneiden. Dazu passen Kartoffelpüree oder Rosmarinkartoffeln.

Geflügel & Wild

GEFÜLLTES ZITRONENBACKHENDL AUF KARTOFFEL-ENDIVIEN-GEMÜSE

Zutaten für 4 Personen

Für das Kartoffel-Endivien-Gemüse:
600 g Mini-Kartoffeln · Salz
1 TL ganzer Kümmel
100 ml Gemüsebrühe (siehe S. 11)
2 EL Weißweinessig
Salz · Pfeffer aus der Mühle
Zucker
3–4 EL mildes Salatöl
100 g Endiviensalat
1 rote Zwiebel

Für das Backhendl:
2 große Hähnchenbrustfilets
(à ca. 200 g; ohne Haut)
½ TL Dijon-Senf
frisch geriebene Muskatnuss · Salz
Pfeffer aus der Mühle
2 Msp. abgeriebene unbehandelte
Zitronenschale
80 g eiskalte Sahne
1 TL Thymianblätter
(frisch geschnitten)
je 1 EL Petersilien- und Kerbelblätter (frisch geschnitten)
80 g doppelgriffiges Mehl
100 g Weißbrotbrösel · 1 Ei
Öl für die Folie und zum Ausbacken

Außerdem:
4 Scheiben Frühstücksspeck
1 TL Öl
Zitronensaft
1 Handvoll frische Kräuterblätter

1 Für das Kartoffel-Endivien-Gemüse die Kartoffeln waschen und in Salzwasser mit dem Kümmel weich garen. Abgießen, kurz ausdampfen lassen, möglichst heiß pellen und in dünne Spalten schneiden.

2 Für die Marinade die Brühe mit Essig, Salz, Pfeffer, 1 Prise Zucker und Öl verrühren, unter die Kartoffelspalten mischen und alles einige Zeit ziehen lassen. Gegebenenfalls nachwürzen.

3 Inzwischen den Endiviensalat putzen, waschen und trocken schleudern. Die Zwiebel schälen und in feine Streifen schneiden. Die Zwiebeln und den Endiviensalat unter die Kartoffeln heben.

4 Für das Backhendl die Hähnchenbrustfilets waschen und trocken tupfen. Aus jedem Filet schräg 6 möglichst dünne Scheiben schneiden (insgesamt etwa 320 g). Die übrigen 80 g der Hähnchenbrustabschnitte für die Füllung in kleine Würfel schneiden, mit Salz würzen und auf einem Teller 5 bis 10 Minuten in das Tiefkühlfach stellen.

5 Für die Füllung die gekühlten Hähnchenwürfel in einen Blitzhacker geben, den Senf hinzufügen und alles mit 1 Prise Muskatnuss, Salz, Pfeffer und 1 Msp. Zitronenschale würzen. So lange pürieren, bis es anfängt zu binden. Die eiskalte Sahne in drei bis vier Portionen dazugeben und immer wieder untermixen. Die Masse in eine Schüssel füllen und die Kräuter unterrühren.

6 Die Hähnchenbrustscheiben zwischen zwei Lagen geölter Frischhaltefolie gleichmäßig dünn klopfen, sodass Scheiben von etwa 6 cm Größe entstehen. Mit Pfeffer würzen, ein wenig Füllung in die Mitte setzen, die Enden darüber zusammenfalten und gut andrücken.

7 Das Mehl und die Brösel jeweils in tiefe Teller verteilen. Das Ei in einem tiefen Teller verquirlen, mit 1 Msp. Zitronenschale, etwas Muskatnuss, Salz und Pfeffer würzen. Die gefüllten Hähnchenbrusttaschen zunächst im Mehl wenden, dann durch das Ei ziehen und zuletzt in den Bröseln wenden. Reichlich Öl in einer Pfanne erhitzen und die Hähnchenbrusttaschen darin auf beiden Seiten goldbraun backen, herausnehmen und auf Küchenpapier abtropfen lassen.

8 Die Speckscheiben schräg dritteln. Das Öl in einer Pfanne erhitzen und den Speck darin bei mittlerer Hitze auf beiden Seiten kross braten, auf Küchenpapier abtropfen lassen. Das Kartoffel-Endivien-Gemüse auf Tellern anrichten, die gefüllten Backhendlstücke darauf anrichten und mit einigen Tropfen Zitronensaft beträufeln. Die Speckscheiben dazulegen und alles mit den Kräuterblättern garnieren.

HONIGHENDL
MIT GEBACKENEN WIRSINGBLÄTTERN

Zutaten für 4 Personen

Für das Honighendl:

4 Hähnchenbrustfilets
(à 130–150 g; ohne Haut)
2–3 EL braune Butter (siehe S. 13)
350 ml Gemüsebrühe (siehe S. 11)
1 EL Speisestärke (ca. 10 g)
½ geriebene Knoblauchzehe
1 Msp. geriebener Ingwer
mildes Chilisalz
3 EL Weißweinessig
25 g Zucker · 25 g Honig
50 g getrocknete Tomaten (in Öl)
1 Zweig frisches Bohnenkraut

Für die Wirsingblätter:

2 große Wirsingblätter · Salz
80 g doppelgriffiges Mehl
80 g Weißbrotbrösel
1 Ei · mildes Chilisalz
frisch geriebene Muskatnuss
Öl zum Braten

Außerdem:

120 g Champignons
2 Frühlingszwiebeln
1 TL braune Butter
Salz · Pfeffer aus der Mühle
1 TL Butter
1 Rezept bayerische Remoulade
(siehe S. 15)
1–2 EL Gemüsebrühe

1 Für das Honighendl die Hähnchenbrustfilets waschen und trocken tupfen. Schräg in je 3 Stücke schneiden. In einer Pfanne 1 bis 2 EL braune Butter erhitzen und die Hähnchenstücke darin bei mittlerer Hitze auf beiden Seiten leicht anbraten.

2 Die Brühe in einem Topf erhitzen. Die Speisestärke in wenig kaltem Wasser glatt rühren und in die Brühe geben, bis diese sämig bindet. Knoblauch, Ingwer, Chilisalz, Essig, Zucker und Honig hinzufügen.

3 Die Tomatenfilets abtropfen lassen, in kleine Würfel schneiden und unter die Brühe heben. Das Bohnenkraut dazulegen, einige Minuten darin ziehen lassen und anschließend wieder entfernen. Zum Schluss die übrige braune Butter unterrühren. Die Hähnchenstücke in die Sauce legen und noch einige Minuten saftig durchziehen lassen.

4 Die Wirsingblätter waschen und die Blattrippen herausschneiden. Die Blätter in größere Stücke von 5 bis 7 cm Größe schneiden. In Salzwasser 6 bis 8 Minuten fast weich kochen, in ein Sieb abgießen, kalt abschrecken, auf dem Sieb abtropfen lassen und mit Küchenpapier trocken tupfen. Die Blätter nacheinander zwischen zwei Küchentüchern mit dem Nudelholz glatt rollen.

5 Das Mehl und die Brösel jeweils in tiefe Teller verteilen. Das Ei in einem tiefen Teller verquirlen, mit Chilisalz und 1 Prise Muskatnuss würzen. Die blanchierten Wirsingblätter zunächst im Mehl wenden, dann durch das Ei ziehen und zuletzt in den Bröseln wenden. Reichlich Öl in einer Pfanne erhitzen und die Blätter darin auf beiden Seiten goldbraun braten, auf Küchenpapier abtropfen lassen.

6 Die Champignons putzen und, falls nötig, trocken abreiben, in dicke Scheiben schneiden. Die Frühlingszwiebeln putzen, waschen, schräg in 2 bis 3 cm große Stücke schneiden und diese gegebenenfalls längs halbieren. Die braune Butter in einer Pfanne erhitzen und die Pilze darin bei mittlerer Hitze andünsten. Die Frühlingszwiebeln dazugeben und mit Salz und Pfeffer würzen. Die Butter darin zerlassen.

7 Die Wirsingblätter auf vorgewärmte Teller verteilen, das Champignongemüse und die Honighendlstücke darauflegen. Etwas Sauce darüberschöpfen. Die bayerische Remoulade mit der Brühe verrühren und dazu reichen.

144

KRÄUTERBRATHENDL MIT ZWIEBEL-ROSMARIN-SAUCE

1 Den Backofen auf 160 °C vorheizen. Die Kräuterblätter waschen und trocken tupfen. Das Hähnchen innen und außen kalt waschen und trocken tupfen. Die Hähnchenhaut mithilfe eines Löffelstiels vom Hals und von der Bauchhöhle her ablösen und vorsichtig etwas anheben. Die Kräuter flach unter die Haut von Brust und Keulen schieben.

2 Für die Füllung die Zwiebelhälfte schälen, die Apfelhälfte waschen und beides in 1 bis 2 cm große Stücke schneiden. Die Petersilie waschen, trocken tupfen und die Blätter samt Stielen klein schneiden. Die Apfel- und Zwiebelstücke mit der Petersilie, den Knoblauchscheiben, der Zitronenschale, den Fenchelsamen und Pfefferkörnern mischen und salzen. Das Innere des Hähnchens mit Salz würzen und mit der Zwiebel-Apfel-Mischung füllen.

3 Für die Sauce die Zwiebeln schälen und in 1 bis 1½ cm große Stücke schneiden. Die Butter in einem ofenfesten Bräter erhitzen und die Zwiebeln darin bei milder Hitze gleichmäßig bräunen. Das Tomatenmark dazugeben und 1 bis 2 Minuten mitrösten. Den Zitronensaft dazugeben und alles mit der Brühe aufgießen.

4 Das Hähnchen mit 2 bis 3 EL flüssiger Butter bestreichen und auf die Sauce setzen. Im Ofen auf der untersten Schiene etwa 1¼ Stunden braten, danach die Hitze auf 200 °C schalten. Das Hähnchen mit der übrigen Butter bestreichen und noch 15 bis 25 Minuten knusprig braun braten. Das Hähnchen aus dem Bräter nehmen und im Ofen warm halten.

5 Den Bräter auf den Herd stellen. Knoblauch, Ingwer, Rosmarin und Zitronenschale in die Sauce legen und einige Minuten darin ziehen lassen, danach wieder entfernen. Die Sauce mit Chilisalz abschmecken und die Kräuter unterrühren.

6 Das Hähnchen tranchieren, die Füllung entfernen. Die Brüste und Keulen in Portionen teilen und mit der Sauce auf vorgewärmte Teller verteilen. Dazu passen Tomatensalat, Gurkensalat oder knackiger Blattsalat und Rosmarinkartoffeln.

Zutaten für 4 Personen

Für Hendl und Füllung:
1 Handvoll Kräuterblätter
(z.B. Petersilie, Salbei, Dill,
Basilikum, Kerbel, Estragon)
1 Masthähnchen (ca. 1 ½ kg;
küchenfertig, ohne Innereien)
je ½ Zwiebel und Apfel
6 Stiele Petersilie
6 Knoblauchzehen (in Scheiben)
Schale von ½ unbehandelten
Zitrone (in Streifen)
½ TL Fenchelsamen
½ TL schwarze Pfefferkörner
Salz
ca. 5 EL flüssige Butter

Für die Sauce:
2 Zwiebeln
2 EL Butter
1–2 TL Tomatenmark
1 EL Zitronensaft
300 ml Hühnerbrühe
1 Knoblauchzehe (in Scheiben)
1 Scheibe Ingwer
1 Zweig Rosmarin
1 Streifen unbehandelte
Zitronenschale
mildes Chilisalz
1 EL frisch geschnittene Kräuter
(z.B. Petersilie, Kerbel, wenig Dill,
nach Belieben ein paar Blättchen
Estragon)

MEIN TIPP:

Die Zwiebel-Apfel-Füllung entwickelt im Hähnchen einen fruchtig-würzigen Dampf, der das Hähnchenfleisch von innen durchdringt und aromatisiert.

GÄNSEKEULEN MIT APFEL-ROSENKOHL-GEMÜSE UND KÜRBISPÜREE

Zutaten für 4 Personen

Für die Gänsekeulen:

2 Zwiebeln · 100 g Knollensellerie
1 kleine Karotte · 1 TL Puderzucker
1 EL Tomatenmark · 1 TL Honig
350 ml kräftiger Rotwein
300 ml Hühnerbrühe
4 Gänsekeulen (à ca. 400 g;
mit Knochen) · 2 Scheiben Ingwer
1 Knoblauchzehe (in Scheiben)
¼ rotschaliger Apfel (z. B. Elstar;
in Spalten) · je 1 Zweig frischer
Majoran und Beifuß · 1 Streifen
unbehandelte Orangenschale
1 TL Speisestärke · mildes Chilisalz

Für das Kürbispüree:

1 Hokkaidokürbis
(mit Schale; ca. 800 g)
¼ l Gemüsebrühe
(siehe S. 11) · etwas Zimtpulver
1 Msp. geriebener Ingwer
je 1 Msp. abgeriebene unbehandelte
Orangen- und Zitronenschale
1 EL Butter · 1 EL braune Butter
(siehe S. 13) · mildes Chilisalz

Für den Apfelrosenkohl:

120 g Rosenkohl · Salz · ¾ rot-
schaliger Apfel · 1 TL Puderzucker
1 EL braune Butter

Für den Rote-Bete-Salat:

400 g eingelegte Rote Bete (siehe
S. 23) · 1–2 EL mildes Salatöl
Salz · Pfeffer aus der Mühle
Zucker
1 Handvoll Walnusskernhälften

1 Für die Gänsekeulen den Backofen auf 150 °C vorheizen. Die Zwiebeln, den Sellerie und die Karotte schälen und in etwa 1 cm große Würfel schneiden. Den Puderzucker in einem Topf bei milder Hitze hell karamellisieren und die Gemüsewürfel darin andünsten. Tomatenmark und Honig unterrühren und kurz mitrösten.

2 Mit einem Drittel des Weins ablöschen und alles sirupartig einkochen lassen. Den restlichen Wein nach und nach angießen und jeweils einköcheln lassen, dann die Brühe dazugießen und alles in einen Bräter geben. Die Gänsekeulen waschen, trocken tupfen, in den Bräter legen und im Ofen etwa 2 ½ Stunden offen braten.

3 Die Gänsekeulen herausnehmen und warm stellen. Die Sauce durch ein Sieb in einen Topf geben, dabei das Gemüse etwas ausdrücken. Ingwer, Knoblauch, Apfel, Majoran, Beifuß und Orangenschale hinzufügen und einige Minuten in der Sauce ziehen lassen.

4 Die Speisestärke in wenig kaltem Wasser glatt rühren und nach und nach in die köchelnde Sauce geben, bis diese sämig bindet. Zum Schluss die Sauce nochmals durch ein Sieb gießen, mit Chilisalz abschmecken und warm halten.

5 Für das Kürbispüree den Kürbis waschen, vierteln und die Kerne mit einem Löffel entfernen. Die Kürbisviertel samt Schale in 1 bis 2 cm große Würfel schneiden. Die Brühe in einem Topf erhitzen und die Kürbiswürfel darin weich garen, dabei den Deckel so auflegen, dass ein Spalt offen bleibt. Anschließend alles in einen hohen Rührbecher füllen. Zimtpulver, Ingwer, Orangen- und Zitronenschale sowie die Butter und die braune Butter hinzufügen und alles mit dem Stabmixer pürieren. Mit Chilisalz würzen.

6 Für Apfelrosenkohl den Rosenkohl putzen und in einzelne Blätter zerteilen. Die Blätter in Salzwasser kurz blanchieren, in ein Sieb abgießen, kalt abschrecken und auf dem Sieb abtropfen lassen. Den Apfel waschen, vierteln, entkernen und in kleine Spalten schneiden. Den Puderzucker in einer Pfanne hell karamellisieren, die braune Butter hinzufügen und die Rosenkohlblätter und Apfelstücke darin leicht andünsten.

7 Für den Rote-Bete-Salat die eingelegte Rote Bete abtropfen lassen, mit dem Öl mischen und gegebenenfalls mit Salz, Pfeffer und Zucker nachwürzen. Die Sauce auf vorgewärmte Teller verteilen und die Gänsekeulen darauflegen. Kürbispüree, Rote-Bete-Salat und Apfelrosenkohl danebensetzen und alles mit Walnüssen garnieren.

ZWEIERLEI VON DER BAYERISCHEN BAUERNENTE

Zutaten für 4 Personen

Für die Entenbrust:

1 Bauernente (ca. 2,5 kg;
küchenfertig)
1,6 l Hühnerbrühe
2 Zwiebeln
1 kleine Karotte
100 g Knollensellerie
2 EL Öl
2 TL Puderzucker
1 EL Tomatenmark
¼ l kräftiger Rotwein
1 TL Speisestärke
je 2 Scheiben Ingwer und Knoblauch
1 Stiel Petersilie
2 Streifen unbehandelte
Orangenschale
1 EL kalte Butter
½ – 1 TL getrockneter Majoran
Salz

1 Für die Entenkarkasse den Backofen auf 220 °C Umluft vorheizen. Die Ente innen und außen kalt waschen und außen trocken tupfen. Die Keulen abtrennen und häuten, die Haut für Krustel kühl stellen. Die Entenbrüste und -flügel an der Karkasse an einem Stück mit der Geflügelschere herausschneiden, die übrige Karkasse klein hacken.

2 Ein Backblech mit Backpapier belegen, die Karkassenstücke darauf verteilen und im Ofen etwa 20 Minuten goldbraun braten, das Fett danach abgießen. Die Temperatur auf 140 °C herunterschalten. Die Entenbrust samt Flügeln an der Karkasse in einen Bräter legen, 400 ml Brühe angießen, den Deckel auflegen und die Entenbrust im Ofen 3 ½ Stunden weich garen.

3 Alles abkühlen lassen, die Entenbrust von der Karkasse lösen und bis zum Servieren zugedeckt warm halten. Die Flügel häuten, das Fleisch ablösen und für die Pastete beiseitestellen. Die Brühe entfetten und Fett und Brühe für die Sauce getrennt aufbewahren.

4 Währenddessen Zwiebeln, Karotte und Sellerie schälen und in etwa 1 cm große Würfel schneiden. In einer Pfanne 1 EL Öl erhitzen und die Gemüsewürfel darin bei mittlerer Hitze andünsten.

5 Den Puderzucker in einem Topf bei mittlerer Hitze hell karamellisieren, das Tomatenmark hineinrühren und kurz mitrösten. Die Hälfte des Weins zugießen und sämig einköcheln lassen, den übrigen Wein dazugeben, ebenfalls sämig einkochen lassen. Die Gemüsewürfel und die gebräunten Karkassenstücke dazugeben und mit 1,2 l Brühe auffüllen, sodass alles gut bedeckt ist.

6 In einer Pfanne 1 EL Öl erhitzen und die Keulen darin rundum sanft anbraten, zu Gemüse und Karkassen legen und knapp unter dem Siedepunkt 3 bis 3 ½ Stunden weich ziehen lassen. Keulen aus der Sauce nehmen, abkühlen lassen, das Fleisch von den Knochen lösen und in ½ bis 1 cm große Würfel schneiden. Warm halten.

7 Die Sauce durch ein Sieb gießen, die Brühe von der Entenbrust dazugeben und alles auf die Hälfte einköcheln lassen. 100 ml Sauce für die Pastete abnehmen und beiseitestellen. Die Stärke mit wenig kaltem Wasser glatt rühren und in die köchelnde Sauce geben, bis diese leicht sämig bindet. Ingwer, Knoblauch, Petersilienstiel und Orangenschale dazugeben und 1 EL Entenfett von der Entenbrust und die kalte Butter hineinrühren. Die Sauce mit Majoran und Salz würzen, einige Minuten ziehen lassen und nochmals durch ein Sieb gießen. Die Sauce warm halten.

8 Für die Pastete den Backofen auf 180 °C vorheizen. Das Toastbrot klein würfeln und auf einem Backblech im Ofen 8 bis 10 Minuten goldbraun rösten, abkühlen lassen. Die beiseitegestellte Sauce (100 ml) in einem Topf auf 3 EL einköcheln und abkühlen lassen. Das Kalbsbrät mit der abgekühlten Sauce glatt rühren, die Croûtons mit den Entenkeulenwürfeln, dem Flügelfleisch und den Walnüssen dazugeben, mit Salz, Pfeffer, Chilipulver, Muskatnuss und Majoran würzen.

9 Eine Lage Alufolie mit einer Lage Frischhaltefolie belegen. Die Pastetenmasse daraufgeben und zu einer Rolle von etwa 5 cm Durchmesser formen. Erst in Frischhaltefolie, dann in Alufolie wickeln. In einem breiten Topf reichlich Wasser auf 80 °C erhitzen, die Rolle hineinlegen und bei 70 bis 80 °C etwa 30 Minuten ziehen lassen. Die Rolle nach etwa 15 Minuten wenden. Abkühlen lassen.

10 Die gekühlte Haut der Keulen klein würfeln, in Salzwasser 5 Minuten kochen, in ein Sieb abgießen und trocken tupfen. Das Öl in einer Pfanne erhitzen und die Krusteln darin bei mittlerer Hitze knusprig braten, auf Küchenpapier abtropfen lassen und salzen.

11 Den Backofen auf Grillfunktion vorheizen. Die Brühe in eine ofenfeste Form geben, die Entenbrüste mit der Haut nach oben hineinlegen und im Ofen auf der untersten Schiene 15 bis 20 Minuten knusprig braten. Herausnehmen und salzen.

12 Die Pastete in 1 bis 1½ cm dicke Scheiben schneiden und in einer Pfanne in der braunen Butter bei mittlerer Hitze auf beiden Seiten leicht anbraten. Je 3 EL Sauce auf vorgewärmte Tellern gießen, die Entenbrüste halbieren und je 1 Stück Entenbrust mit 2 Pastetenscheiben darauf anrichten. Mit den Krusteln bestreuen. Dazu passen z. B. Kartoffel-Sellerie-Püree, Blaukraut oder Grünkohl-Rahm-Wirsing.

Für die Entenpastete:
1 Scheibe Toastbrot (entrindet)
80 g Kalbsbrät
1 EL grob gehackte Walnüsse
Salz
Pfeffer aus der Mühle
mildes Chilipulver
frisch geriebene Muskatnuss
½ TL getrockneter Majoran

Außerdem:
Salz
1 EL Öl
6 EL Hühnerbrühe
1–2 EL braune Butter (siehe S. 13)

MEIN TIPP:

Dieses Gericht können Sie schon einen Tag zuvor vorbereiten: Lösen Sie die Entenbrüste nach dem Dünsten aus und bewahren Sie sie zugedeckt an einem kühlen Ort auf. Ebenso werden die Sauce und die Pastete in der Folie gekühlt. Die restliche Zubereitung erfolgt, wie oben beschrieben. Da die Entensauce durch das Ausbraten der Karkasse fast kein Fett enthält, können Sie die Sauce am Schluss mit dem abgenommenen Entenfett des Entenbrust-Dünstsuds verfeinern. Durch die milde Hitze bleibt das Fett hell und aromatisch.

PAILLARD VOM FASAN AUF PFEFFERSAUCE MIT TRAUBEN UND WIRSING

Zutaten für 4 Personen

Für den Wirsing:

500 g Wirsing · Salz
50 ml Gemüsebrühe (siehe S. 11)
1 EL Butter
1 EL braune Butter (siehe S. 13)
1–2 TL Petersilienblätter (frisch geschnitten) · Chilisalz
Pfeffer aus der Mühle
frisch geriebene Muskatnuss

Für die Pfeffersauce:

1 EL schwarze Pfefferkörner
2 EL Öl · 1 TL Puderzucker
2 cl Weinbrand (z. B. Cognac)
¼ l Hühnerbrühe · 100 g Sahne
1 Scheibe Knoblauch
30 g kalte Butter
Salz · mildes Chilipulver
frisch geriebene Muskatnuss

Für den Fasan:

4 Fasanenbrustfilets
(à ca. 100 g; ohne Haut)
1 TL Öl · 1 EL braune Butter
Öl für die Folie

Für die Trauben:

100 g Rosétrauben · 1 EL Butter
1 Streifen unbehandelte
Orangenschale
1 Zimtsplitter
¼ ausgekratzte Vanilleschote
1 Scheibe Ingwer

Außerdem:

2 EL Walnusskernhälften

1 Den Wirsing putzen, in einzelne Blätter teilen und die Blattrippen entfernen. Die Wirsingblätter waschen, in Rauten schneiden und in kochendem Salzwasser 6 bis 8 Minuten weich garen. In ein Sieb abgießen, kalt abschrecken und abtropfen lassen. Überschüssiges Wasser gut aus den Blättern drücken.

2 Für die Pfeffersauce die Pfefferkörner im Mörser grob zerstoßen und den feinen Staub mit einem feinen Sieb entfernen. Das Öl in einer Pfanne erwärmen und den Pfeffer darin kurz anrösten, dann in ein Sieb geben und abtropfen lassen.

3 Den Puderzucker in einem kleinen Topf bei mittlerer Hitze hell karamellisieren. Mit dem Weinbrand ablöschen und die Brühe zugießen. Die Pfefferkörner und die Sahne dazugeben und die Sauce 15 Minuten bei milder Hitze einköcheln. Zum Schluss den Knoblauch hinzufügen und einige Minuten darin ziehen lassen. Die Sauce durch ein feines Sieb gießen und die kalte Butter mit dem Stabmixer unterrühren. Die Sauce mit Salz, Chili und Muskatnuss abschmecken und warm halten.

4 Die Fasanenbrustfilets waschen und trocken tupfen. Das Fleisch sehr schräg in dünne Scheiben von ½ bis 1 cm Dicke schneiden und zwischen zwei Lagen geölter Frischhaltefolie mit der flachen Seite des Fleischklopfers noch etwas dünner klopfen.

5 Mit einem Pinsel die braune Butter in einer heißen Grillpfanne verteilen und die Paillards darin auf beiden Seiten bei milder Hitze jeweils 30 Sekunden anbraten. Die Paillards in die Pfeffersauce legen und darin noch einige Minuten ziehen lassen.

6 Die Rosétrauben waschen, abtropfen lassen, halbieren und entkernen. Die Butter in einer Pfanne bei milder Hitze mit Orangenschale, Zimtsplitter, Vanilleschote und Ingwerscheibe erwärmen und die Trauben darin kurz erhitzen.

7 Den blanchierten Wirsing mit der Brühe in einer Pfanne erhitzen. Die Butter, die braune Butter und die Petersilie unterrühren und den Wirsing mit 1 Prise Chilisalz, Pfeffer und etwas Muskatnuss würzen.

8 Den Wirsing auf vorgewärmte Teller verteilen und die Fasanenpaillards darauf anrichten. Die Pfeffersauce nochmals mit dem Stabmixer aufschäumen, darum herumträufeln und alles mit Trauben und Walnüssen garnieren.

REHRÜCKEN IM CHAMPIGNON AUF GRÜNKOHL-RAHM-WIRSING

Für den Rehrücken:

4 große Riesenchampignons
(ca. 7 cm Durchmesser)
1–2 TL Zitronensaft
200 g Kalbsbrät
3–4 EL eiskalte Sahne
Salz · Pfeffer aus der Mühle
mildes Chilipulver
frisch geriebene Muskatnuss
1 Msp. abgeriebene unbehandelte
Zitronenschale
1 EL Petersilien- und Kerbelblätter
(frisch geschnitten)
250 g Rehrückenfilet (in 4 gleich
großen Stücken; küchenfertig)

Für den Grünkohl-Rahm-Wirsing:

500 g Grünkohl
500 g Wirsing
50 g getrocknete Aprikosen
Salz · 80 ml Hühnerbrühe
120 g Sahne
1 EL Sahnemeerrettich (siehe S. 18)
¼ ausgekratzte Vanilleschote
2 Scheiben Ingwer
mildes Chilipulver
frisch geriebene Muskatnuss
etwas geriebene Zimtrinde
1 Msp. abgeriebene unbehandelte
Orangenschale
1 EL braune Butter (siehe S. 13)

1 Für den Rehrücken den Backofen auf 120 °C vorheizen. Die Champignons putzen und, falls nötig, trocken abreiben. Den Stiel jeweils entfernen, die Lamellen mit einem Teelöffel oder einem Kugelausstecher entfernen und die Kappe mit Zitronensaft beträufeln.

2 Das Kalbsbrät mit der Sahne glatt rühren und mit Salz, Pfeffer, 1 Prise Chilipulver, Muskatnuss und Zitronenschale würzen. Etwas Kalbsbrät in die Champignons streichen und mit der Petersilien-Kerbel-Mischung bestreuen.

3 Je 1 Rehrückenfilet in einen Pilz setzen, das übrige Brät darauf verteilen und mit einem Messer, das zwischendurch in Wasser getaucht wird, glatt streichen. Die Pilze auf ein Backblech setzen und das Fleisch darauf im Ofen etwa 35 Minuten rosa durchziehen lassen.

4 Inzwischen für den Grünkohl-Rahm-Wirsing die feinen Grünkohlblätter von den harten Blattrippen abzupfen und in kleine Stücke zerteilen. Den Wirsing putzen, in einzelne Blätter teilen und die Blattrippen entfernen. Beide Kohlsorten waschen und trocken schleudern. Die getrockneten Aprikosen in kleine Würfel schneiden.

5 Den Grünkohl in einem Topf in kochendem Salzwasser etwa 5 bis 6 Minuten bissfest blanchieren. In ein Sieb abgießen, kalt abschrecken und auf dem Sieb abtropfen lassen. Den Wirsing in kochendem Salzwasser 8 bis 10 Minuten garen. In ein Sieb abgießen, kalt abschrecken und abtropfen lassen. Aus beiden Kohlsorten das überschüssige Wasser gut ausdrücken. Die Wirsingblätter in etwa 2 cm große Stücke schneiden.

6 Grünkohl und Wirsing mit der Brühe und der Sahne in einem Topf erhitzen. Den Sahnemeerrettich hinzufügen, Vanilleschote und Ingwerscheiben dazugeben und alles mit Salz, 1 Prise Chilipulver, Muskatnuss, etwas Zimt und Orangenschale würzen. Zum Schluss die Aprikosen mit der braunen Butter hinzufügen. Vanille und Ingwer wieder entfernen.

7 Den Grünkohl-Rahm-Wirsing auf vorgewärmte Teller verteilen, die Riesenchampignons mit den Rehrückenfilets jeweils halbieren und darauf anrichten.

Rehragout mit Feigenblaukraut und tasmanischem Pfeffer

1 Für das Ragout das Rehfleisch in 3 bis 4 cm große Würfel schneiden. Zwiebeln, Karotte und Sellerie schälen und in 1 cm große Würfel schneiden. In einer Pfanne 1 EL Öl erhitzen und das Gemüse darin bei mittlerer Hitze 2 bis 3 Minuten andünsten.

2 Das übrige Öl in einem Schmortopf erhitzen, das Fleisch darin bei mittlerer Hitze in zwei Portionen rundum anbraten, herausnehmen. 1 bis 2 TL Puderzucker hineinstäuben und hell karamellisieren. Tomatenmark dazugeben, kurz mitrösten. Mit Weinbrand ablöschen, dann den Wein in drei Portionen dazugeben und jeweils einköcheln lassen.

3 Mit der Brühe auffüllen, Rehfleisch und Gemüse dazugeben und alles bei milder Hitze knapp unter dem Siedepunkt 1½ Stunden weich schmoren. Nach 1 Stunde Garzeit Lorbeerblatt, Pfefferkörner, Wacholderbeeren, 1 Prise Koriander und Pimentkörner dazugeben.

4 Inzwischen für das Blaukraut den Rotkohl putzen, die äußeren Blätter und den Strunk entfernen. Den Kohl in feine Streifen hobeln. Den Puderzucker in einem Topf hell karamellisieren, Portwein und Rotwein angießen, auf ein Drittel einköcheln lassen. Brühe angießen, Rotkohl hinzufügen und zugedeckt bei milder Hitze etwa 1½ Stunden mehr ziehen als köcheln lassen, dabei öfter umrühren.

5 Nach 1 Stunde den Lorbeer dazugeben. Nelke, Pfeffer und Zimt in ein Gewürzsäckchen füllen, verschließen und zum Blaukraut geben. Von den Feigen den Stielansatz entfernen, die Feigen klein würfeln.

6 Die Fleischwürfel aus der Sauce nehmen und beiseitestellen. Die Sauce durch ein Sieb in einen Topf streichen, das Gemüse dabei etwas ausdrücken. Knoblauch, Ingwer und Orangenschale in die Sauce geben, einige Minuten bei milder Hitze ziehen lassen, wieder entfernen.

7 In einer Pfanne 1 TL Puderzucker bei mittlerer Hitze hell karamellisieren, mit dem Essig ablöschen und auf die Hälfte einköcheln lassen. Die Schmorsauce mit Johannisbeergelee, Salz, Pfeffer und dem eingeköchelten Essig abschmecken. Die Schokolade in der Sauce schmelzen lassen und die kalte Butter in kleinen Stücken unterrühren. Das Fleisch wieder in die Sauce geben und darin aufwärmen.

8 Am Ende der Garzeit das Apfelmus mit den Feigenwürfeln unter das Blaukraut rühren, Orangenschale und Ingwer dazugeben und einige Minuten darin ziehen lassen, dann wieder entfernen. Lorbeerblatt und Gewürzsäckchen ebenfalls entfernen und die kalte Butter unterrühren. Das Feigenblaukraut mit Salz, Zucker, tasmanischem Pfeffer und Essig abschmecken und zum Rehragout servieren.

Zutaten für 4 Personen

Für das Rehragout:

1 kg Rehfleisch (aus der Schulter; küchenfertig) · 2 Zwiebeln
1 Karotte · 150 g Knollensellerie
2 EL Öl · 2–3 TL Puderzucker
1 EL Tomatenmark
4 cl Weinbrand (z.B. Cognac)
300 ml kräftiger Rotwein
¾ l Hühnerbrühe · 1 Lorbeerblatt
½ TL schwarze Pfefferkörner
5 Wacholderbeeren (leicht angedrückt) · gemahlener Koriander
5 Pimentkörner · 1 Knoblauchzehe (geschält und halbiert)
1 Scheibe Ingwer
1 Streifen unbehandelte Orangenschale · 5 EL Rotweinessig
1 EL Johannisbeergelee · Salz
Pfeffer aus der Mühle
½–1 TL gehackte Zartbitterschokolade · 30 g kalte Butter

Für das Feigenblaukraut:

800 g Rotkohl · 1 EL Puderzucker
100 ml Portwein
200 ml kräftiger Rotwein
⅛ l Gemüsebrühe (siehe S. 11)
1 Lorbeerblatt · 1 Gewürznelke
½ TL Pfefferkörner
½ Zimtrinde
5 getrocknete Feigen
2–3 EL Apfelmus
1 Streifen unbehandelte Orangenschale · 1 Scheibe Ingwer
20 g kalte Butter · Salz · Zucker
tasmanischer Pfeffer aus der Mühle
1 EL Aceto balsamico

REHSCHNITZEL IN MORCHELSAUCE MIT NUDELN UND LAUCHGEMÜSE

Zutaten für 4 Personen

Für die Morchelsauce:

20 kleine getrocknete Morcheln
450 ml Hühnerbrühe · 2 Schalotten
1 TL braune Butter (siehe S. 13)
1 EL Speisestärke · 80 g Sahne
1 Knoblauchzehe (in Scheiben)
1 Lorbeerblatt · 1 Spritzer Sherry
mildes Chilisalz

Für das Rehschnitzel:

½ TL schwarze Pfefferkörner
½ TL Pimentkörner
3 Wacholderbeeren
4–5 EL braune Butter
1 Lorbeerblatt · 1 Stück ausgekratzte Vanilleschote
1 Splitter Zimtrinde
2 Scheiben Ingwer · 1 Knoblauchzehe (in Scheiben) · mildes Chilisalz
600 g Rehfleisch (aus der Keule/
Oberschale; küchenfertig)

Für das Lauchgemüse:

2 dicke Stangen Lauch (ca. 500 g)
1 Gewürznelke · 1 Lorbeerblatt
Salz · 1 EL Butter
1 TL braune Butter
Pfeffer aus der Mühle

Für die Nudeln:

200 g Bandnudeln · Salz
1 getrocknete rote Chilischote
1 Scheibe Ingwer
150 ml Gemüsebrühe (siehe S. 11)
1 kleine Knoblauchzehe
(in Scheiben)
1 Lorbeerblatt · 1 EL braune Butter

1 Für die Sauce die Morcheln in einer Schüssel mit der Brühe bedeckt etwa 1 Stunde einweichen. Die Morcheln in ein Sieb abgießen und auf dem Sieb abtropfen lassen, die Einweichflüssigkeit auffangen und durch einen feinen Papierfilter gießen.

2 Die Schalotten schälen und in feine Würfel schneiden. Die braune Butter in einem Topf erhitzen, die Schalotten darin bei mittlerer Hitze andünsten und mit der Morchelbrühe ablöschen. Die Speisestärke in wenig kaltem Wasser glatt rühren und in die köchelnde Sauce geben, bis diese sämig bindet, 2 bis 3 Minuten weiterköcheln lassen.

3 Die Sahne hinzufügen, den Knoblauch und den Lorbeer hinein-legen und einige Minuten darin ziehen lassen, dann wieder entfernen. Die Sauce mit Sherry und Chilisalz würzen, die Morcheln hinzufügen und die Sauce warm halten.

4 Für die Rehschnitzel die Pfefferkörner, die Pimentkörner und die Wacholderbeeren in einer Pfanne ohne Fett bei mittlerer Hitze rösten, bis sie zu duften beginnen. 3 bis 4 EL braune Butter unterrühren. Lorbeerblatt, Vanille, Zimt, Ingwer und Knoblauch dazugeben, einige Minuten ziehen lassen. Mit Chilisalz würzen. Das Rehfleisch in dünne Scheiben schneiden. Die restliche braune Butter in einer Grillpfanne verteilen und die Schnitzel darin bei mittlerer Hitze auf beiden Seiten kurz anbraten, herausnehmen und in der Gewürzbutter warm halten.

5 Für das Gemüse den Lauch putzen, waschen und schräg in 1 bis 1½ cm dicke Scheiben schneiden. ⅛ l Wasser mit der Gewürznelke und dem Lorbeerblatt in einen Topf füllen, leicht salzen und auf-kochen. Den Lauch dazugeben und 8 bis 10 Minuten bissfest garen, dabei den Deckel so auflegen, dass ein Spalt offen bleibt. Dann die Ge-würze entfernen, die Butter darin zerlassen, die braune Butter hinzu-fügen und alles mit Salz und Pfeffer würzen. Warm halten.

6 Die Bandnudeln in reichlich kochendem Salzwasser mit Chili und Ingwer gerade bissfest kochen, dabei gelegentlich umrühren. In ein Sieb abgießen, gut abtropfen lassen, nicht mit Wasser abspülen. Die Brühe in einer Pfanne erhitzen, Knoblauch, Lorbeer und die gekoch-ten Nudeln hinzufügen und darin köcheln lassen, bis die Flüssigkeit von den Nudeln aufgesogen ist. Die ganzen Gewürze anschließend wieder entfernen und die braune Butter über die Nudeln träufeln.

7 Die Morchelsauce auf vorgewärmte Teller verteilen und die Reh-schnitzel darauflegen. Die Bandnudeln und das Lauchgemüse dazu-geben und alles mit etwas Pfeffer übermahlen.

GEDÄMPFTER REHRÜCKEN MIT GRÜNKOHL-SCHWARZWURZEL-GEMÜSE

Zutaten für 4 Personen

Für die Schwammerlsauce:
¼ l Hühnerbrühe
2 EL getrocknete Totentrompeten
(ersatzweise getrocknete
Champignons; Feinkostladen)
1 gestr. TL Speisestärke
50 g Sahne
1 EL kalte Butter
1 Streifen unbehandelte
Zitronenschale
mildes Chilisalz

Für das Grünkohl-Schwarzwurzel-Gemüse:
500 g Grünkohl
Salz
400 g Schwarzwurzeln
Saft von 1 Zitrone
2 EL braune Butter (siehe S. 13)
frisch geriebene Muskatnuss
Pfeffer aus der Mühle

Für den Rehrücken:
1 EL gemischter Kräutertee
1 TL Wacholderbeeren (angedrückt)
1 TL Pimentkörner (angedrückt)
2 TL schwarze Pfefferkörner
2 TL Korianderkörner
2 Scheiben Ingwer
braune Butter für den Einsatz
und die Pfanne
4 Rehrückenfilets (à ca. 100 g;
küchenfertig)
½ TL Zimtsplitter
2 EL Butter
mildes Chilisalz

1 Für die Schwammerlsauce die Brühe in einem Topf aufkochen und die Totentrompeten dazugeben. Den Topf vom Herd nehmen und die Pilze etwa 20 Minuten ziehen lassen. Dann die Pilze in ein Sieb abgießen und den Fond auffangen. Die Pilze abtropfen lassen, zerkleinern und für das Grünkohlgemüse beiseitestellen.

2 Den Pilzfond in einem Topf erhitzen. Die Speisestärke mit wenig kaltem Wasser glatt rühren und in den köchelnden Fond geben, bis dieser leicht sämig bindet. Etwa 2 Minuten köcheln lassen, dann die Sahne und die Butter mit dem Stabmixer unterrühren. Die Zitronenschale einige Minuten darin ziehen lassen und wieder entfernen. Die Sauce mit etwas Chilisalz abschmecken, warm halten.

3 Für das Gemüse vom Grünkohl die feinen Blätter von den harten Blattrippen zupfen, in Salzwasser 5 bis 6 Minuten blanchieren, in ein Sieb abgießen, kalt abschrecken und abtropfen lassen.

4 Für die Schwarzwurzeln den Zitronensaft mit 1 l Wasser verrühren. Die Schwarzwurzeln unter fließendem kaltem Wasser gründlich bürsten, dann schälen und in das Zitronenwasser legen, damit sie hell bleiben, bis alle geschält sind. Die Schwarzwurzeln schräg in Scheiben schneiden und in Salzwasser bissfest kochen. In ein Sieb abgießen, kalt abschrecken und abtropfen lassen. Etwas braune Butter in einer Pfanne erhitzen und die Schwarzwurzeln, den Grünkohl und die Totentrompeten darin andünsten. Mit 1 Prise Muskatnuss, Salz und Pfeffer würzen und zum Schluss mit etwas brauner Butter verfeinern, warm halten.

5 In einem Dämpftopf etwa 2 cm hoch Wasser aufkochen. Den Kräutertee mit Wacholderbeeren, Pimentkörnern, je 1 TL Pfeffer- und Korianderkörnern und Ingwer dazugeben. Den Dämpfeinsatz mit brauner Butter bestreichen und in den Topf setzen. Rehrückenfilets drauflegen und zugedeckt bei milder Hitze etwa 5 Minuten rosa dämpfen.

6 Mit einem Pinsel etwas braune Butter in einer Grillpfanne verteilen und die gedämpften Rehrückenfilets darin rundum etwa 1 Minute grillen. Inzwischen den restlichen Koriander, die Zimtsplitter und den übrigen Pfeffer in eine Gewürzmühle füllen. In einer Pfanne die Butter erwärmen, mit den Gewürzen aus der Mühle und mit Chilisalz würzen und die Rehfilets darin wenden.

7 Die Sauce nochmals mit dem Stabmixer aufschäumen und auf vorgewärmte Teller verteilen. Die Rehfilets quer halbieren und auf die Schwammerlsauce legen, das Gemüse daneben anrichten.

HIRSCHROULADEN MIT BREZEN-GEMÜSE-FÜLLUNG

1 Für die Rouladenfüllung den Schinken in etwa ½ cm große Würfel schneiden. Etwa ¼ l Wasser in einem Topf aufkochen, die Totentrompeten hineinlegen und darin 5 Minuten köcheln lassen. In ein Sieb abgießen, kalt abschrecken, abtropfen lassen und klein schneiden. Von der Laugenstange das Salz entfernen, die Stange in Würfel schneiden und in eine Schüssel geben.

2 Zwiebel, Karotte und Sellerie schälen und in feine Würfel schneiden. Die Butter in einer Pfanne zerlassen und die Gemüsewürfel darin glasig dünsten. Die Milch aufkochen. Ei und Eigelb in einer Schüssel verquirlen, die warme Milch langsam dazugießen und mit den Eiern verrühren. Die Eiermilch über die Brezenwürfel gießen und alles mit Pilzen, Gemüse- und Schinkenwürfeln und Petersilie mischen. Die Brezenmasse mit Salz, Pfeffer und Muskatnuss würzen.

3 Das Hirschfleisch zwischen zwei Lagen geölter Frischhaltefolie mit der flachen Seite des Fleischklopfers leicht klopfen. Je ein Viertel der Knödelmasse längs auf einer Fleischscheibe verteilen, dabei die Ränder frei lassen. Die Längsseiten der Rouladen etwas einschlagen, das Fleisch von der schmalen Seite her aufrollen und mit Rouladennadeln oder Holzspießchen feststecken.

4 Für die Sauce Zwiebeln, Sellerie und Karotte schälen und in ½ cm große Würfel schneiden. Das Öl in einer Pfanne erhitzen, die Rouladen darin bei milder Hitze rundum anbraten und wieder herausnehmen. Das Gemüse in die Pfanne geben und andünsten.

5 Den Puderzucker in einem Schmortopf hell karamellisieren und das Tomatenmark unterrühren. Mit Wein ablöschen und sirupartig einköcheln lassen. Die angedünsteten Gemüsewürfel hinzufügen und die Brühe angießen. Die Rouladen in die Sauce legen und zugedeckt etwa 2 Stunden schmoren. Nach 1½ Stunden Lorbeerblatt, Wacholderbeeren, Piment- und Pfefferkörner und Zimt hinzufügen. Am Ende der Garzeit Knoblauch, Ingwer, Preiselbeeren und Schokolade dazugeben. Zitronen- oder Orangenschale in die Sauce geben, einige Minuten darin ziehen lassen und wieder entfernen.

6 Die Rouladen herausnehmen und die Rouladennadeln entfernen. Die Sauce durch ein Sieb abgießen, dabei das Gemüse etwas durchdrücken. Die kalte Butter in die Sauce rühren. Die Sauce mit Salz und Pfeffer abschmecken und die Rouladen darin erwärmen.

7 Die Rouladen schräg halbieren und auf vorgewärmten Tellern anrichten, nach Belieben Blaukraut dazu reichen.

Zutaten für 4 Personen

Für die Hirschrouladen:

50 g gekochter Hinterschinken
2 EL getrocknete Totentrompeten
(ersatzweise getrocknete
Champignons; Feinkostladen)
150 g Laugenstange
½ Zwiebel (ca. 70 g)
½ Karotte (ca. 50 g)
50 g Knollensellerie · 1 EL Butter
100 ml Milch · 1 Ei · 1 Eigelb
1 EL Petersilienblätter
(frisch geschnitten)
Salz · Pfeffer aus der Mühle
frisch geriebene Muskatnuss
4 dünne Scheiben Hirschfleisch
(à ca. 150 g; ca. 15 cm breit, aus
der Keule) · Öl für die Folie

Für die Sauce:

2 Zwiebeln · 100 g Knollensellerie
½ Karotte · 1 EL Öl
1–2 TL Puderzucker
1 EL Tomatenmark
¼ l kräftiger Rotwein
½ l Hühnerbrühe
1 kleines Lorbeerblatt
je ½ TL Wacholderbeeren, Piment-
und schwarze Pfefferkörner (ange-
drückt) · 1 Splitter Zimtrinde
½ Knoblauchzehe (in Scheiben)
2 Scheiben Ingwer
1 EL Preiselbeerkonfitüre
½ TL gehackte Zartbitterkuvertüre
1 Streifen unbehandelte Zitronen-
oder Orangenschale
2 EL kalte Butter
Salz · Pfeffer aus der Mühle

HIRSCHRÜCKENSTEAKS MIT SCHWARZWURZELNUDELN

Zutaten für 4 Personen

Für die Hirschrückensteaks:

500 g Hirschrücken (küchenfertig)
3 EL braune Butter (siehe S. 13)
mildes Chilisalz

Für die Schwarzwurzelnudeln:

Saft von 1 Zitrone
1 kg Schwarzwurzeln
Salz
1 EL gehackte Haselnüsse
70 ml Gemüsebrühe (siehe S. 11)
1 EL Butter
mildes Chilisalz

Für die Sauce:

200 ml braune Grundsauce
(siehe S. 12)
1 Lorbeerblatt
½ TL Wacholderbeeren
(angedrückt)
½ TL Pimentkörner (angedrückt)
½ TL schwarze Pfefferkörner
1 Splitter Zimtrinde
1 Gewürznelke (ohne Köpfchen)
1 Scheibe Ingwer
½ Streifen unbehandelte
Orangenschale
¼ TL gehackte Zartbitterkuvertüre
1 TL Preiselbeerkonfitüre
1 TL Puderzucker
1 Schuss roter Portwein
80 ml kräftiger Rotwein
1 TL Speisestärke
1 EL kalte Butter
Salz

1 Für die Hirschrückensteaks den Backofen auf 100 °C vorheizen. In die mittlere Schiene ein Ofengitter und auf die untere Schiene ein Abtropfblech schieben. Den Hirschrücken in 4 gleich große Steaks schneiden und jeweils mit dem Handballen flach drücken.

2 Mit einem Pinsel 1 bis 2 TL braune Butter in einer Grillpfanne verteilen und die Hirschrückensteaks darin rundum bei mittlerer Hitze anbraten. Die Steaks auf das Ofengitter legen und im Ofen etwa 45 Minuten rosa durchziehen lassen. Die übrige braune Butter in einer Pfanne sanft erwärmen, mit etwas Chilisalz würzen und die Hirschrückensteaks darin wenden, warm halten.

3 Für die Schwarzwurzelnudeln den Zitronensaft mit 1 l Wasser verrühren. Die Schwarzwurzeln unter fließendem kaltem Wasser gründlich bürsten, dann schälen und in das Zitronenwasser legen, damit sie hell bleiben. In einem Topf reichlich Salzwasser aufkochen. Die Schwarzwurzeln mit einem Sparschäler in dünne Längsstreifen hobeln, sofort in das Salzwasser legen und darin etwa 1 Minute kochen, sodass sie gerade noch Biss haben. Die Schwarzwurzelnudeln in ein Sieb abgießen, kalt abschrecken und auf dem Sieb abtropfen lassen.

4 Die Haselnüsse in einer Pfanne ohne Fett bei mittlerer Hitze goldbraun rösten. Kurz vor dem Servieren die Brühe mit der Butter in einer Pfanne erhitzen und die Schwarzwurzelnudeln darin aufwärmen, mit Chilisalz würzen. Zuletzt die Haselnüsse hineinstreuen.

5 Die Grundsauce in einem Topf mit Lorbeerblatt, Wacholderbeeren, Piment- und Pfefferkörnern, Zimtsplitter und Gewürznelke einige Minuten einköcheln lassen. Zum Schluss die Ingwerscheibe, die Orangenschale, die Schokolade und die Preiselbeerkonfitüre einrühren und einige Minuten in der Sauce ziehen lassen.

6 Den Puderzucker in einer Pfanne bei mittlerer Hitze hell karamellisieren, mit dem Portwein und dem Rotwein ablöschen, auf etwa ein Drittel einköcheln lassen und in die Sauce rühren. Die Speisestärke mit wenig kaltem Wasser glatt rühren und in die köchelnde Sauce geben, bis diese leicht sämig bindet. Die Sauce noch 1 bis 2 Minuten köcheln lassen, dann durch ein Sieb gießen, die kalte Butter hineinrühren und alles mit Salz abschmecken.

7 Die Hirschsteaks auf vorgewärmten Tellern anrichten, die Sauce darum herumträufeln und die Schwarzwurzelnudeln dazusetzen.

GESCHMORTE WILDSCHWEINSCHULTER MIT SEMMELKNÖDELN

Zutaten für 4 Personen

3 Zwiebeln · 1 Karotte
150 g Knollensellerie
3 EL Öl · 2 TL Puderzucker
1 EL Tomatenmark
80 ml roter Portwein
350 ml kräftiger Rotwein
¾ l Hühnerbrühe
1,2 kg Wildschweinschulter
(küchenfertig)
1 EL Wacholderbeeren
1 TL Fenchelsamen
je 1 TL Piment- und
schwarze Pfefferkörner
2 Lorbeerblätter
einige Splitter Zimtrinde
2 EL getrocknete Champignons
3 Scheiben Ingwer
1 Knoblauchzehe (in Scheiben)
½ TL gehackte Zartbitterschokolade
1 Zweig Rosmarin
2 TL Speisestärke · Salz

Für die Semmelknödel:

200 g Semmeln (vom Vortag;
ersatzweise Weißbrot)
150 ml Milch
2 Eier
Salz · Pfeffer aus der Mühle
frisch geriebene Muskatnuss
1 EL Petersilie (frisch geschnitten)

1 Den Backofen auf 150 °C vorheizen. Die Zwiebeln, die Karotte und den Sellerie schälen und jeweils in 1½ cm große Stücke schneiden.

2 In einem Bräter 1 EL Öl erhitzen und die Gemüsestücke darin 2 bis 3 Minuten andünsten. Den Puderzucker darüberstäuben und karamellisieren, das Tomatenmark unterrühren und kurz anrösten. Den Portwein und ein Drittel des Rotweins hinzufügen und sämig einköcheln lassen. Den restlichen Rotwein in zwei Portionen dazugeben, jeweils einköcheln lassen und mit der Brühe auffüllen.

3 Das übrige Öl in einer Pfanne erhitzen und die Wildschweinschulter darin rundum anbraten. Das Fleisch in die Sauce legen und den Bräter mit dem Deckel verschließen. Den Wildschweinbraten im Ofen auf der mittleren Schiene etwa 2½ Stunden weich schmoren.

4 Wacholderbeeren, Fenchelsamen, Piment- und Pfefferkörner in einer beschichteten Pfanne ohne Fett bei milder Hitze anrösten. Mit den Lorbeerblättern, Zimt, Champignons, Ingwer und Knoblauch 30 Minuten vor Ende der Garzeit in die Sauce geben und mitziehen lassen. Am Ende der Garzeit die Schokolade unter die Sauce rühren, den Rosmarin hinzufügen und einige Minuten darin ziehen lassen.

5 Für die Semmelknödel die Semmeln in dünne Scheiben schneiden. Die Milch einmal aufkochen, vom Herd ziehen. Die Eier verrühren, die warme Milch dazugießen und alles mit Salz, Pfeffer und Muskatnuss würzen. Über die Semmeln gießen und zugedeckt einige Minuten ziehen lassen. Die Petersilie hinzufügen und das Ganze zu einer glatten Knödelmasse verarbeiten. Aus der Knödelmasse mit angefeuchteten Händen 8 kleine Knödel formen. In reichlich siedendes Salzwasser legen und etwa 15 Minuten darin ziehen lassen.

6 Das Fleisch aus dem Bräter nehmen und warm halten. Die Sauce durch ein Sieb abgießen, dabei das Gemüse etwas ausdrücken. Die Sauce um ein Drittel einköcheln lassen. Die Speisestärke mit wenig kaltem Wasser glatt rühren und die Sauce damit sämig binden und gegebenenfalls mit etwas Salz würzen.

7 Die Knödel mit dem Schaumlöffel herausnehmen und kurz abtropfen lassen. Die Wildschweinschulter in Scheiben schneiden und mit der Sauce und den Semmelknödeln anrichten. Dazu passen Essigzwetschgen (siehe S. 25).

GESCHMORTE WILDHASENKEULE MIT WACHOLDER-FINGERNUDELN

1 Für die Wildhasenkeulen die Rosinen, das Zitronat und das Orangeat in Apfelsaft einlegen. Die Zwiebel, die Karotte und den Sellerie schälen und jeweils in ½ bis 1 cm große Würfel schneiden. Das Öl in einer Pfanne erhitzen und die Gemüsewürfel darin bei mittlerer Hitze sanft andünsten.

2 Das restliche Öl in einem Schmortopf erhitzen und die Hasenkeulen darin bei mittlerer Hitze rundum anbraten. Herausnehmen und das Öl mit Küchenpapier aus dem Topf tupfen. Den Puderzucker hineinstäuben und hell karamellisieren. Das Tomatenmark dazugeben und etwas mitrösten, bis es am Topfboden anlegt. Mit Essig ablöschen und weitgehend reduzieren, dann den Wein angießen und alles sämig einköcheln lassen.

3 Die angedünsteten Gemüsewürfel dazugeben und mit der Brühe auffüllen. Die Hasenkeulen wieder hineinlegen und zugedeckt etwa 3 Stunden knapp unter dem Siedepunkt weich schmoren. Den Deckel dabei so auflegen, dass ein Spalt frei bleibt.

4 Die Wacholderbeeren, Pfeffer- und Pimentkörner in ein Gewürzsäckchen füllen, dieses verschließen und 30 Minuten vor Ende der Garzeit mit dem Lorbeerblatt sowie eingelegten Rosinen, Zitronat und Orangeat dazugeben.

5 Die Hasenkeulen herausnehmen und warm halten. Die Sauce um ein Drittel einköcheln lassen. Die Speisestärke mit wenig kaltem Wasser glatt rühren, in die Sauce geben, bis diese leicht sämig bindet, und 1 bis 2 Minuten sanft köcheln lassen. Knoblauch, Ingwer, Rosmarin, Zitronen- und Orangenschale hinzufügen und 5 Minuten darin ziehen lassen. Alle ganzen Gewürze samt dem Gewürzsäckchen anschließend wieder entfernen. Die Schokolade mit der kalten Butter in die Sauce rühren. Die Sauce mit Salz und Pfeffer abschmecken und warm halten.

6 Für die Fingernudeln die Wacholderbeeren in einer Pfanne ohne Fett erhitzen, bis sie zu glänzen beginnen. Dann vom Herd nehmen, abkühlen lassen und in einem Mörser fein zerstoßen. Den Wacholder in den Fingernudelteig kneten, diesen, wie auf S. 122 beschrieben, zu Fingernudeln verarbeiten und fertigstellen.

7 Die Wildhasenkeulen auf vorgewärmten Tellern mit der Sauce anrichten und die Wacholder-Fingernudeln dazu servieren. Dazu passt buntes Gemüse oder Blaukraut.

Zutaten für 4 Personen

Für die Wildhasenkeulen:

40 g Rosinen
1 TL Zitronat · 1 TL Orangeat
3 EL Apfelsaft
1 große Zwiebel
1 Karotte
80 g Knollensellerie · 2 EL Öl
4 Wildhasenkeulen (à ca. 350 g; küchenfertig)
1 EL Puderzucker
1–2 EL Tomatenmark
50 ml Aceto balsamico
¼ l kräftiger Rotwein
1 l Hühnerbrühe
1 TL Wacholderbeeren
1 TL schwarze Pfefferkörner
5 Pimentkörner
1 kleines Lorbeerblatt
2 TL Speisestärke
½ Knoblauchzehe
1 Scheibe Ingwer
1 Zweig Rosmarin
je 1 Streifen unbehandelte Zitronen- und Orangenschale
½ TL gehackte Zartbitterschokolade
2 EL kalte Butter
Salz · Pfeffer aus der Mühle

Für die Wacholder-Fingernudeln:

1 ½ EL Wacholderbeeren
1 Rezept Fingernudeln
(siehe S. 122)

Desserts

GEEISTE ZWETSCHGENSUPPE MIT TOPFENSCHAUM UND »ZIMTSTANGEN«

Zutaten für 4 Personen

Für den Topfenschaum:

150 g Speisequark
75 g Zucker
je 1 Msp. abgeriebene unbehandelte
Zitronen- und Orangenschale
1 EL Zitronensaft
3 EL Orangensaft
1 Msp. Vanillemark
250 g Sahne
2 Eiweiß
Salz

Für die geeiste Zwetschgensuppe:

500 g reife Zwetschgen
½ Vanilleschote
300 ml Weißwein
80–100 g Zucker
2 Scheiben Ingwer
½ Zimtrinde
je 1 Streifen unbehandelte
Zitronen- und Orangenschale
3 Blatt Gelatine

Für die »Zimtstangen«:

2 Strudelteigblätter (à 20 x 20 cm;
aus dem Kühlregal)
50 g flüssige braune Butter
(siehe S. 13)
2 EL Zimtzucker

Außerdem:

1–2 TL gehackte Pistazien
4 Stiele Minze

1 Für den Topfenschaum den Quark mit 25 g Zucker, der Zitronen- und Orangenschale, dem Zitronen- und Orangensaft und dem Vanillemark glatt rühren. Die Sahne halbsteif schlagen, das Eiweiß mit dem restlichen Zucker und 1 kleinen Prise Salz cremig schlagen und beides unter die Quarkmasse heben.

2 Ein sauberes Küchentuch in ein Sieb legen, dieses in eine Schüssel hängen und die Quarkmasse hineinfüllen. Alles mit Frischhaltefolie zudecken und die Quarkmasse im Kühlschrank mehrere Stunden abtropfen lassen, sodass sie eine feste Konsistenz bekommt.

3 Für die geeiste Zwetschgensuppe die Zwetschgen waschen, halbieren und entsteinen, die Hälften nochmals halbieren. Die Vanilleschote der Länge nach halbieren und das Mark mit einem spitzen Messer herauskratzen. Den Wein mit Zucker, Vanillemark mit Schote, Ingwer und Zimt in einem Topf aufkochen und die Zwetschgen darin bei milder Hitze 20 bis 30 Minuten köcheln lassen. Die Zitronen- und Orangenschale dazugeben. Die Gelatine in kaltem Wasser einweichen, etwas ausdrücken und in der heißen Zwetschgensuppe auflösen. Die Suppe vom Herd nehmen und auf Eiswasser kalt rühren, bis sie leicht zu gelieren beginnt. Die Gewürze entfernen und die Suppe kühl stellen.

4 Für die »Zimtstangen« den Backofen auf 180 °C vorheizen. Ein Strudelteigblatt auf ein Küchentuch legen. Mit etwas brauner Butter bestreichen, mit Zimtzucker bestreuen und mit dem zweiten Strudelblatt belegen. Mit dem Nudelholz vorsichtig darüberrollen, sodass sich beide Blätter gut miteinander verbinden, und mit der restlichen braunen Butter einstreichen. In 9 x 6 cm große Rechtecke schneiden und locker zu 9 cm langen »Zimtstangen« rollen. Mit der Naht nach unten auf ein mit Backpapier belegtes Backblech legen und im Ofen etwa 15 Minuten knusprig backen.

5 Die Zwetschgensuppe in tiefe Teller verteilen. Mit einem großen Esslöffel Nocken aus dem Topfenschaum abstechen, dabei den Esslöffel immer wieder in heißes Wasser tauchen. Die Nocken jeweils in die Mitte der Zwetschgensuppe setzen. Die Zimtstangen dazulegen und alles mit gehackten Pistazien und Minze garnieren.

Buttermilchmousse
mit Erdbeeren und Hippen

1 Für die Buttermilchmousse den Puderzucker sieben und mit der Buttermilch, Zitronensaft sowie Zitronen- und Orangenschale verrühren. Drei Blätter Gelatine in kaltem Wasser einweichen. In einem kleinen Topf 5 EL Buttermilchmischung leicht erwärmen, die Gelatine ausdrücken und in der warmen Buttermilch auflösen. Anschließend die Gelatinebuttermilch in die restliche Buttermilch rühren.

2 Die Sahne halbsteif schlagen und kühl stellen. Das Eiweiß mit 1 gehäuften EL Zucker zu festem, cremigem Schnee schlagen. Den Eischnee locker unter die Sahne heben und kurz kühl stellen. Die Buttermilchmasse auf Eiswasser kalt rühren, bis sie leicht zu gelieren beginnt, dann die Eischnee-Sahne-Mischung unterheben.

3 Für die Marmorierung die übrige Gelatine in kaltem Wasser einweichen. Die Erdbeeren waschen, putzen und mit 1 EL Zucker in einen hohen Rührbecher geben. Mit dem Stabmixer pürieren, das Erdbeerpüree durch ein Sieb streichen und 60 g davon abwiegen (den Rest kühl stellen). 30 g Erdbeerpüree leicht erwärmen, die Gelatine ausdrücken und im warmen Erdbeerpüree auflösen. Die Erdbeergelatine unter die übrige Hälfte des Erdbeerpürees rühren.

4 Das mit Gelatine versetzte Erdbeerpüree auf Eiswasser kalt rühren, bis es leicht zu gelieren beginnt. Das Püree in die Buttermilchcreme träufeln und einen Kochlöffelstiel mehrmals durch beide Massen ziehen, sodass eine marmorierte Mousse entsteht. Die Mousse vorsichtig in Dessertgläser füllen und zugedeckt im Kühlschrank 2 bis 3 Stunden fest werden lassen.

5 Die Erdbeeren waschen, putzen und je nach Größe vierteln oder achteln. Die Erdbeerstücke mit dem kühl gestellten Erdbeerpüree mischen und auf die Mousse-Gläser verteilen. Mit Minzeblättern und Mandel-Orangen-Hippen garniert servieren.

Zutaten für 4 Personen

Für die Buttermilchmousse:
30 g Puderzucker
250 g Buttermilch
1 EL Zitronensaft
je ½ TL abgeriebene unbehandelte
Zitronen- und Orangenschale
3 ½ Blatt Gelatine
120 g Sahne
1 Eiweiß
2 geh. EL Zucker
150 g Erdbeeren

Außerdem:
100 g Erdbeeren
einige Minzeblätter
4 Mandel-Orangen-Hippen
(siehe S. 26)

Mein Tipp:

Damit eine gleichmäßig luftige und leichte Creme entsteht, muss die relativ flüssige Buttermilchmischung zunächst so weit herunter gekühlt werden, dass sie anfängt zu gelieren. Erst dann sollte man den Eischnee und die Sahne unterheben. Dadurch wird beides sofort in die Masse eingebunden und kann sich nicht mehr oben absetzen. Ebenso wichtig ist es auch, die Erdbeermousse mit Gelatine zu versetzen, damit eine optimale Marmorierung möglich ist.

MILCHPUDDING
MIT ROTEM BEERENKOMPOTT

Zutaten für 4 Personen

Für den Milchpudding
(4 Förmchen à 120 ml):

1 Vanilleschote · ½ l Milch
15 dünne Scheiben Ingwer
1 Zimtstange
2–3 grüne Kardamomkapseln
je 1 Streifen unbehandelte Zitronen-
und Orangenschale
1 Lorbeerblatt
Salz · milde Chiliflocken
50 g Zucker
5 Blatt Gelatine
3–4 TL Rosenwasser (Apotheke)
100 g geschlagene Sahne

Für das rote Beerenkompott:

2 TL Speisestärke
150 ml Schwarzer Johannisbeersaft
100 ml Kirschsaft
4 cl Schwarzer Johannisbeerlikör
(z. B. Cassis)
60 g Zucker
½ Vanilleschote
1 Splitter Zimtrinde
1 Scheibe Ingwer
1 Zacken Sternanis
je 1 Streifen unbehandelte Orangen-
und Zitronenschale
Salz · Pfeffer aus der Mühle
500 g gemischte Beeren
(z. B. Rote Johannis-, Heidel-, Him-,
Brom- und Erdbeeren)

Außerdem:
Mandel-Orangen-Hippen
(siehe S. 26)

1 Für den Milchpudding die Vanilleschote der Länge nach halbieren und das Mark mit einem spitzen Messer herauskratzen. Die Milch mit Vanilleschote und -mark, Ingwer, Zimtstange, Kardamom, Zitronen- und Orangenschale, Lorbeerblatt, je 1 Prise Salz und Chiliflocken sowie dem Zucker in einem Topf aufkochen. Die Gewürzmilch vom Herd nehmen und noch etwa 10 Minuten ziehen lassen.

2 Die Gelatine in kaltem Wasser einweichen. Die Gewürzmilch durch ein Sieb in eine Schüssel gießen. Die Gelatine gut ausdrücken und unter Rühren in der heißen Gewürzmilch auflösen. Die Gewürzmasse abkühlen lassen, bis sie zu gelieren beginnt. Dann zügig das Rosenwasser unterrühren.

3 Die geschlagene Sahne unter die gelierende Gewürzcreme heben. Die Creme in die Förmchen füllen und zugedeckt im Kühlschrank mindestens 2 Stunden fest werden lassen.

4 Für das Kompott die Stärke mit 3 EL Johannisbeersaft glatt rühren. Den restlichen Johannisbeersaft mit dem Kirschsaft, dem Likör und dem Zucker in einem Topf aufkochen. Vanilleschote, Zimtrinde, Ingwer, Sternanis, Orangen- und Zitronenschale und 1 Prise Salz hinzufügen und alles einige Minuten ziehen lassen. Die angerührte Stärke in die heiße Sauce geben, bis diese sämig bindet, und bei milder Hitze etwa 2 Minuten sanft köcheln lassen. Mit 1 Prise Pfeffer würzen.

5 Die Johannis-, Heidel-, Him- und Brombeeren verlesen, gegebenenfalls waschen und trocken tupfen. Die Erdbeeren waschen, putzen und je nach Größe vierteln oder achteln. Die Beeren zur Sauce hinzufügen und das Kompott abkühlen lassen.

6 Den Milchpudding auf Teller stürzen und das Beerenkompott dazugeben. Die Mandel-Orangen-Hippen daraufsetzen und alles nach Belieben mit Puderzucker bestäuben und mit Minzeblättern garnieren.

MEIN TIPP:

Anstatt der Beeren passen zum Milchpudding marinierte Früchte und Kompotte der Saison, zum Beispiel Rhabarber-Erdbeerkompott, Aprikosenkompott, Zwetschgenröster, Orangen- oder Mandarinenkompott.

PRINZREGENTEN-NOCKERL MIT EINGELEGTEN MIRABELLEN

Zutaten für 4 Auflaufförmchen
(ca. 250 ml)

Für die eingelegten Mirabellen:
375 ml trockener Weißwein
100 g Zucker
Saft und Schale von
½ unbehandelten Zitrone
½ Zimtstange
Mark von ½ Vanilleschote
400 g Mirabellen
2 TL Speisestärke

Für die Prinzregenten-Nockerl:
Butter für die Förmchen
6 Eiweiß
Salz
40 g Zucker
4 Eigelb
3 EL Mehl
2 EL gehackte Zartbitterkuvertüre
Puderzucker zum Bestäuben

1 Für die eingelegten Mirabellen den Wein mit Zucker, Zitronensaft, dünn abgeschnittener Zitronenschale, Zimt und Vanillemark in einen Topf füllen und aufkochen, bis der Zucker gelöst ist.

2 Die Mirabellen waschen, halbieren und entsteinen. Zum Sud geben und knapp unter dem Siedepunkt 1 bis 2 Minuten weich ziehen lassen. Die Mirabellen mit dem Schaumlöffel herausnehmen und die ganzen Gewürze aus dem Sud entfernen.

3 Die Speisestärke mit 2 EL kaltem Wasser glatt rühren und in den köchelnden Sud geben, bis dieser leicht sämig bindet. Unter Rühren 1 Minute sanft köcheln lassen. Vom Herd nehmen und die Mirabellen wieder dazugeben. Alles lauwarm abkühlen lassen und in kleinen Schüsseln anrichten.

4 Für die Prinzregenten-Nockerl den Backofen auf 180 °C vorheizen. Die Förmchen mit Butter einfetten. Die Eiweiße mit 1 Prise Salz mit den Quirlen des Handrührgeräts zu cremigem, glänzendem Schnee schlagen, dabei nach und nach den Zucker einrieseln lassen.

5 Die Eigelbe verrühren und mit dem Teigschaber locker unter den Eischnee heben. Das Mehl auf die Masse sieben und unterheben, sodass eine luftige, homogene Masse entsteht. Die Kuvertüre im heißen Wasserbad schmelzen. Ein Viertel der Eiweißmasse mit der Kuvertüre verrühren und marmorartig unter die restliche Eiweißmasse ziehen.

6 Mithilfe einer Teigkarte oder eines Teigschabers jeweils 1 große Nocke in jedes Förmchen setzen, dabei eine Spitze hochziehen. Die Nockerl im Ofen auf der untersten Schiene etwa 15 Minuten hellbraun backen, sodass sie innen zwar heiß, aber noch cremig sind.

7 Die Prinzregenten-Nockerl aus dem Backofen nehmen, auf Teller setzen, mit Puderzucker bestäuben und sofort servieren. Die eingelegten Mirabellen dazu reichen.

MEIN TIPP:

Damit der Eischnee schön steif wird, sollten Sie unbedingt darauf achten, dass Rührschüssel und Quirle gründlich gereinigt und absolut fettfrei sind. Das Eiweiß muss außerdem sehr sauber vom Eigelb getrennt werden, denn das im Eidotter enthaltene Fett verhindert, dass sich das Eiweiß zu Schnee schlagen lässt.

JOHANNISBEERSCHNITTE MIT BAYERISCH CREME

1 Für den Boden die Haselnüsse mit 50 g Zucker in einer Pfanne bei mittlerer Hitze unter ständigem Rühren erhitzen, bis der Zucker schmilzt und sich um die Haselnussstückchen legt. Sofort auf ein mit Backpapier belegtes Blech verteilen, abkühlen lassen und eventuell mit den Fingern zerbröckeln, beziehungsweise grob zerstoßen.

2 Den Backofen auf 190 °C vorheizen. Das Marzipan mit Eigelben, Vanillemark und 1 Prise Zimtpulver cremig aufschlagen. Die Eiweiße mit 1 Prise Salz und dem restlichen Zucker zu cremigem Schnee schlagen. Ein Viertel des Eischnees in die Marzipanmasse rühren, den Rest mit einem Teigschaber unterheben.

3 Die Kuvertüre fein hacken, mit dem abgekühlten Haselnusskrokant und dem Mehl mischen und mit dem Teigschaber locker unter den Biskuit ziehen. Ein Backblech mit Backpapier belegen und einen Backrahmen von 25 x 25 cm Größe daraufstellen. Die Teigmasse einfüllen, glatt streichen und den Boden im Ofen auf der mittleren Schiene 20 Minuten goldbraun backen. Herausnehmen und abkühlen lassen.

4 Für die Bayerisch Creme die Gelatine in kaltem Wasser einweichen. Die Sahne cremig aufschlagen und kühl stellen. Die Eigelbe mit dem Puderzucker und dem Vanillemark mit den Quirlen des Handrührgeräts hellschaumig aufschlagen. Den Orangenlikör erwärmen, die Gelatine ausdrücken, im warmen Likör auflösen und in die Eigelbmasse rühren. Die geschlagene Sahne mit einem Teigschaber unterheben. Die Bayrisch Creme auf dem abgekühlten Kuchenboden verteilen, glatt streichen und zugedeckt im Kühlschrank etwa 30 Minuten fest werden lassen.

5 Für das Fruchtgelee die Gelatine in kaltem Wasser einweichen. Den Zucker mit 50 ml Saft in einem Topf erwärmen, bis er sich aufgelöst hat. Die Gelatine ausdrücken, im warmen Saft auflösen und in den übrigen Saft mischen.

6 Die Johannisbeeren verlesen, waschen, trocken tupfen und von den Rispen zupfen. Die Beeren gleichmäßig auf der Cremeschicht des Kuchens verteilen und den Gelatinesaft vorsichtig darüberschöpfen. Den Johannisbeerkuchen zugedeckt 2 Stunden kühl stellen.

7 Mit einem Messer entlang des Rahmens schneiden, den Rahmen abnehmen und den Johannisbeerkuchen in beliebig große Schnitte teilen. Das Messer dabei nach jedem Schnitt mit warmem Wasser reinigen und trocknen.

Zutaten für 1 Blech
(ca. 25 x 25 cm; für 12–16 Stück)

Für den Boden:
50 g gehackte Haselnüsse
110 g Zucker
140 g Marzipanrohmasse
4 Eigelb
Mark von ¼ Vanilleschote
Zimtpulver
4 Eiweiß
Salz
40 g Zartbitterkuvertüre
55 g Mehl

Für die Bayerisch Creme:
2 Blatt Gelatine
300 g Sahne
3 Eigelb
50 g Puderzucker
Mark von 2 Vanilleschoten
1 EL Orangenlikör (z. B. Cointreau)

Für das Johannisbeergelee:
6 Blatt Gelatine
40 g Zucker
400 ml Schwarzer Johannisbeersaft
150 g Rote Johannisbeeren
100 g Schwarze Johannisbeeren

SCHOKOLADEN-EISSTOLLEN MIT KROKANT UND GLÜHWEINKIRSCHEN

Zutaten für 10 Personen

Für den Schokoladen-Eisstollen:
75 g Mandelblättchen
75 g Pistazienkerne
230 g Zucker
150 g weiße Kuvertüre
50 ml Milch
2 Blatt Gelatine
2 Eigelb
2 Eier
1 geh. TL Stollengewürz
(ersatzweise Lebkuchengewürz)
Mark von 1 Vanilleschote
350 g geschlagene Sahne
3 cl Orangenlikör (z. B. Grand
Marnier)
50 g Vollmilchkuvertüre
1–2 EL Öl
Puderzucker zum Bestäuben

Für die Glühweinkirschen:
350 g entsteinte Sauerkirschen
(aus dem Glas)
1–2 TL Speisestärke
200 ml Rotwein
100 ml roter Portwein
40 g Zucker
1 ganzer Sternanis
½ Zimtstange
1 Gewürznelke
½ ausgekratzte Vanilleschote
1 Scheibe Ingwer
1 Streifen unbehandelte
Orangenschale
2 cl Kirschwasser
1 TL Honig

1 Für den Krokant die Mandelblättchen und die Pistazienkerne mit 150 g Zucker in einer Pfanne bei milder Hitze unter ständigem Rühren einige Minuten karamellisieren. Die Masse auf einem mit Backpapier belegten Blech ausstreichen und abkühlen lassen. Zwei Drittel des Krokants mit den Fingern zerbröckeln. Den Rest mit einem zweiten Blatt Backpapier belegen und mit dem Nudelholz grobkörnig zerkleinern, gut verschlossen aufbewahren.

2 Inzwischen die weiße Kuvertüre klein hacken. Die Milch aufkochen, vom Herd nehmen und die Kuvertüre hineingeben. Kurz stehen lassen, dann alles mit einem Schneebesen zu einer glatten Masse verrühren. Die Gelatine in kaltem Wasser einweichen, ausdrücken und in der warmen Schokomilch auflösen, lauwarm abkühlen lassen.

3 Für das Parfait die Eigelbe und die Eier mit 1 EL Zucker, Stollengewürz und Vanillemark hellschaumig schlagen. Die restlichen 60 bis 70 g Zucker mit 2 EL Wasser zu klarem Sirup köcheln. Kochend heiß unter die Eigelbmasse rühren und alles im heißen Wasserbad dickschaumig aufschlagen, dabei 80 °C nicht überschreiten. Aus dem Wasserbad nehmen und im eiskalten Wasserbad kalt rühren.

4 Die Gelatine-Schoko-Milch einrühren und die Creme kalt rühren, bis sie zu binden beginnt. Die geschlagene Sahne mit dem zerbröckelten Krokant unterziehen und alles mit Orangenlikör abschmecken. Eine Stollenform mit Frischhaltefolie auslegen, die Eismasse hineinfüllen und mehrere Stunden im Tiefkühlfach gefrieren lassen.

5 Für die Glasur die Kuvertüre mit dem Öl im heißen Wasserbad schmelzen. Den Eisstollen aus dem Tiefkühlfach nehmen, den übrigen Krokant gleichmäßig aufstreuen und mit der Handfläche andrücken. Das Parfait mithilfe der Folie aus der Form auf den Krokantboden stürzen, die Folie abziehen und die Oberfläche mit der flüssigen Schokolade einstreichen. Bis zum Servieren in das Tiefkühlfach stellen.

6 Die Kirschen auf einem Sieb abtropfen lassen. Die Stärke mit wenig Rotwein glatt rühren. Den restlichen Rotwein mit Portwein, Zucker, Anis, Zimtstange, Gewürznelke, Vanilleschote, Ingwer und Orangenschale aufkochen. Die Stärke in den heißen Sud geben, bis dieser leicht sämig bindet, 2 Minuten köcheln lassen. Die Sauce durch ein Sieb in einen Topf gießen, die Kirschen dazugeben und einmal aufkochen. Vom Herd ziehen und mit Kirschwasser und Honig verfeinern.

7 Den Stollen in Scheiben schneiden und auf Dessertteller setzen, mit Puderzucker bestäuben und die Kirschen danebeu verteilen.

RHABARBER-GRIESS-STRUDEL MIT RAHMERDBEEREN

Zutaten für 4 Personen

Für den Rhabarber-Grieß-Strudel:

400 g Rhabarber
125 g Zucker
90 g weiche Butter
Salz
1 TL Vanillezucker
3 Eigelb
120 g Hartweizengrieß
150 g saure Sahne
Saft und abgeriebene Schale von
½ unbehandelten Zitrone
3 Eiweiß
4 Strudelteigblätter (à 30 x 30 cm;
aus dem Kühlregal)
150 ml Milch
Puderzucker zum Bestäuben
Butter für die Form und
zum Bestreichen

Für die Rahmerdbeeren:

500 g Erdbeeren
2–3 EL Zucker
½ TL Vanillezucker
200 g Sahne
1 Spritzer Zitronensaft
1 ½ cl Orangenlikör (z.B. Cointreau)
Puderzucker zum Bestäuben

1 Für den Rhabarber-Grieß-Strudel den Backofen auf 200 °C vorheizen. Einen Bräter (25 bis 30 cm) mit etwas Butter einfetten. Den Rhabarber putzen, waschen und in etwa 1 cm große Stücke schneiden. Mit 40 g Zucker bestreuen und etwa 15 Minuten ziehen lassen.

2 In einer Schüssel die weiche Butter mit 1 Prise Salz, 50 g Zucker und dem Vanillezucker schaumig rühren und die Eigelbe nacheinander dazugeben. Nacheinander den Grieß, die saure Sahne, Zitronensaft und -schale sowie den Rhabarber samt ausgetretenem Saft unter die Schaummasse rühren.

3 Die Eiweiße mit den übrigen 35 g Zucker zu cremigem Schnee schlagen und vorsichtig unter die Grieß-Rhabarber-Masse heben.

4 Die Strudelteigblätter mit etwas flüssiger Butter bestreichen und je zwei Blätter aufeinander auf ein Küchentuch legen. Jeweils die Hälfte der Grießmasse als Strang auf das untere Teigdrittel setzen, die Ränder dabei frei lassen. Den Teig mithilfe des Küchentuchs aufrollen, dabei darauf achten, dass der Strudelteig nicht reißt. Die Teigenden gut andrücken und die beiden Strudel nebeneinander auf der Nahtseite in den Bräter setzen.

5 Die Strudel mit der flüssigen Butter bestreichen und im Ofen 30 bis 40 Minuten goldbraun backen. Falls der Strudel zu schnell bräunt, mit Alufolie bedecken. Nach 15 Minuten die Hälfte der Milch darübergießen, nach weiteren 10 Minuten die restliche Milch hinzufügen. Die fertigen Strudel lauwarm abkühlen lassen.

6 Für die Rahmerdbeeren die Erdbeeren waschen, putzen und vierteln. Eine Handvoll Erdbeeren mit 1 EL Zucker und dem Vanillezucker in einen hohen Rührbecher füllen und mit dem Stabmixer pürieren. Das Mus durch ein Sieb passieren. Die Sahne cremig schlagen, mit dem Erdbeermark mischen und gegebenenfalls etwas nachzuckern.

7 Die restlichen Erdbeeren mit etwas Puderzucker bestäuben, 1 Spritzer Zitronensaft und den Orangenlikör dazugeben. Einige Minuten ziehen lassen.

8 Den lauwarmen Rhabarber-Grieß-Strudel in Stücke schneiden und mit Puderzucker bestäuben. Die Strudelstücke auf Teller setzen, die Rahmsauce daneben verteilen und die Erdbeeren darauf anrichten.

SOUFFLIERTE TOPFENPFANNKUCHEN MIT PFIRSICHKOMPOTT

1 Für das Kompott die Vanilleschote der Länge nach halbieren und das Mark mit einem spitzen Messer herauskratzen. Den Sekt, 100 ml Wasser, den Zucker und den Zitronensaft in einen Topf füllen. Vanillemark und -schote, Zimtstange, Kardamomkapseln, Sternanis und Zitronenschale dazugeben und den Sud einmal aufkochen lassen.

2 Die Pfirsiche waschen, halbieren, entsteinen und in den kochenden Sud setzen. Etwa 10 Minuten bei milder Hitze sanft köcheln lassen. Den Topf vom Herd nehmen, mit Backpapier belegen und die Pfirsiche abkühlen lassen, häuten und in Spalten schneiden.

3 Den Sud nochmals aufkochen, die Speisestärke mit wenig kaltem Wasser glatt rühren, nach und nach in den heißen Pfirsichsud geben, bis dieser leicht sämig bindet, noch etwa 2 Minuten köcheln. Den Sud etwas abkühlen lassen und durch ein Sieb zu den Pfirsichen gießen.

4 Für den Topfenpfannkuchen den Backofen auf Grillfunktion vorheizen. Das Mehl mit der Milch, dem Vanillezucker und der Zitronenschale glatt rühren, dann die Eigelbe und den Quark hineinrühren. Die Eiweiße mit 1 Prise Salz zu cremigem Schnee schlagen, den Zucker dabei nach und nach einrieseln lassen. Den Eischnee unter die Mehlmasse heben.

5 Vier kleine ofenfeste Pfannen (12 bis 13 cm Durchmesser) bei mittlerer Hitze erhitzen, je 1 TL Butter hineingeben und je ein Viertel der Pfannkuchenmasse darin verteilen. Die Unterseite hell anbräunen und jeweils einige verlesene Himbeeren hineinsetzen. Die Pfännchen auf die unterste Schiene des Ofens stellen und die Pfannkuchen darin 2 bis 3 Minuten goldbraun backen.

6 Die Himbeeren verlesen. Die warmen Topfenpfannkuchen auf vorgewärmte Teller legen und mit Puderzucker bestäuben. Das Pfirsichkompott daneben anrichten und alles mit Himbeeren garnieren.

Zutaten für 4 Personen

Für das Pfirsichkompott:
¼ Vanilleschote
375 ml Sekt · 70 g Zucker
1 EL Zitronensaft
1 kleines Stück Zimtstange
2 grüne Kardamomkapseln
(angedrückt)
1 Zacken Sternanis
1 Streifen unbehandelte
Zitronenschale
2 reife, aber feste Pfirsiche
2 TL Speisestärke

Für die Topfenpfannkuchen:
50 g Mehl
120 ml Milch
1 EL Vanillezucker
½ TL abgeriebene unbehandelte
Zitronenschale
2 Eigelb · 50 g Magerquark
2 Eiweiß
Salz · 30 g Zucker
4 TL Butter
50 g Himbeeren

Außerdem:
100 g Himbeeren
Puderzucker zum Bestäuben

WALNUSS-INGWER-KUCHEN IM GLAS MIT STACHELBEERKOMPOTT

Zutaten für 8 Sturzgläser
(ca. 200 ml)

Für die Walnuss-Ingwer-Kuchen:
125 g Mehl · 1 TL Kakaopulver
½ Päckchen Backpulver
50 g geriebene Zarbitterkuvertüre
100 g gehackte Walnüsse
25 g fein gehackter kandierter
Ingwer
80 ml mildes Öl
2 Eier · 175 g Zucker
1 TL Vanillezucker · 150 ml Milch
Butter für die Gläser

Für das Stachelbeerkompott:
375 ml trockener Weißwein
100 g Zucker · ½ Zimtrinde
Saft und abgeriebene Schale von
½ unbehandelten Zitrone
400 g Stachelbeeren
2 TL Speisestärke
3 cl Sherry (medium)

Außerdem:
200 g Sahne · 1 EL Vanillezucker
2 EL gehackte Walnüsse

1 Für den Kuchen den Backofen auf 180 °C vorheizen. Das Mehl mit dem Kakao- und dem Backpulver sieben und mit der Kuvertüre und den Walnüssen mischen. Den kandierten Ingwer mit dem Öl in einen hohen Rührbecher füllen und mit dem Stabmixer pürieren.

2 Die Eier, den Zucker und den Vanillezucker in einer Schüssel mit den Quirlen des Handrührgeräts cremig aufschlagen. Die Ingwer-Öl-Mischung und die Milch hineinrühren und das Mehl-Kakao-Gemisch mit einem Teigschaber unterheben.

3 Die Gläser mit Butter einfetten, zu drei Vierteln mit Teig füllen und die Kuchen im Ofen etwa 25 Minuten backen. Sofort nach dem Backen fest verschließen, abkühlen lassen und bei kühler Zimmertemperatur aufbewahren (so halten sich die Kuchen mehrere Wochen).

4 Für das Kompott den Wein mit dem Zucker, der Zimtrinde sowie Zitronensaft und -schale in einem Topf aufkochen. So lange kochen lassen, bis sich der Zucker aufgelöst hat. Inzwischen die Stachelbeeren putzen und waschen, in den Gewürzsud hineinlegen und knapp unter dem Siedepunkt 1 bis 2 Minuten weich ziehen lassen.

5 Die Stachelbeeren mit dem Schaumlöffel herausnehmen und beiseitestellen. Die ganzen Gewürze aus dem Sud entfernen. Die Speisestärke mit dem Sherry glatt rühren und in den Sud geben, bis dieser leicht sämig bindet, unter Rühren etwa 1 Minute sanft köcheln lassen. Den Topf vom Herd nehmen und die Stachelbeeren wieder dazugeben.

6 Die Sahne mit dem Vanillezucker cremig aufschlagen. Die Deckel der Kuchengläser öffnen, die Kuchen aus den Gläsern auf Teller stürzen, das Stachelbeerkompott und die Sahne darauf verteilen und alles mit gehackten Walnüssen garnieren.

MEIN TIPP:

Der Walnuss-Ingwer-Kuchen lässt sich auch gut in einer Gugelhupf-form (ca. 1 ½ l Inhalt) backen. Die Backzeit verlängert sich dann auf etwa 45 Minuten. Zum Servieren den Gugelhupf in Stücke schneiden.

KARAMELLISIERTE ZIMTBUCHTELN MIT ZWETSCHGENRÖSTER

1 Für die Zimtbuchteln die Hefe in der Milch auflösen. Die Hefemilch mit Mehl, Zucker, Eigelben, Mandellikör, Rum, 1 Prise Salz, Vanillemark sowie Zitronen- und Orangenschale verkneten. Die Butter hinzufügen und alles einige Minuten weiterkneten, bis ein geschmeidiger Hefeteig entstanden ist. In einer Schüssel zugedeckt knapp 30 Minuten an einem warmen Ort gehen lassen.

2 Inzwischen für die Zwetschgensauce den Backofen auf 180 °C vorheizen. Die Zwetschgen waschen, halbieren und entsteinen, die Hälften nochmals halbieren. Die Zwetschgenviertel in einer ofenfesten Form mit dem Zucker, dem Zitronensaft, der Zimtrinde und der Vanilleschote mischen. Den Rotwein und den Portwein dazugießen. Die Zwetschgen im Ofen auf der mittleren Schiene 15 bis 20 Minuten nicht zu weich garen, dabei öfter durchrühren.

3 Die Zwetschgen aus dem Ofen nehmen, die Zimtrinde und die Vanilleschote entfernen. Einige Löffel der Zwetschgenviertel für die Garnitur aus dem Sud nehmen. Den Rest pürieren, durch ein Sieb streichen und mit dem Zwetschgenwasser abschmecken.

4 Den Zucker mit dem Zimtpulver mischen, 1 EL Zimtzucker beiseitestellen. Einen Bräter oder eine Auflaufform (etwa 20 x 30 cm) mit dem Butterschmalz einfetten und mit dem übrigen Zimtzucker ausstreuen und die Milch hineinträufeln.

5 Den Backofen auf 200 °C einstellen. Den Buchtelteig nochmals kurz durchkneten und mit etwas Mehl zu einer dicken Rolle formen. Die Rolle in gleichmäßige Scheiben schneiden, die Scheiben zu kleinen Kugeln von 2½ bis 3 cm Größe formen und nebeneinander in den Bräter setzen. Die Buchteln mit etwas flüssiger Butter bestreichen, mit einem Küchentuch zudecken und 20 bis 25 Minuten an einem warmen Ort gehen lassen.

6 Die Buchteln im Ofen auf der untersten Schiene, am besten auf einem Pizzastein, etwa 20 Minuten goldbraun backen. Nach 15 Minuten mit der übrigen Butter bestreichen und mit dem beiseitegestellten Zimtzucker bestreuen.

7 Die Zimtbuchteln aus dem Ofen nehmen und noch warm auf vorgewärmte Teller setzen, die Zwetschgensauce darum herumträufeln und alles mit den beiseitegestellten Zwetschgenvierteln garnieren.

Zutaten für 4–6 Personen

Für die Zimtbuchteln:

30 g frische Hefe
180 ml lauwarme Milch
450 g Mehl
75 g Zucker
3 Eigelb
1 TL Mandellikör (z. B. Amaretto)
1 EL Rum
Salz
Mark von 1 Vanilleschote
je 1 TL abgeriebene unbehandelte
Zitronen- und Orangenschale
75 g weiche Butter

Zum Backen:

40 g Zucker
1 TL Zimtpulver
ca. 60 g Butterschmalz
3 EL Milch
40 g flüssige Butter
Mehl für die Arbeitsfläche

Für die Zwetschgensauce:

500 g Zwetschgen
ca. 70 g Zucker
Saft von ½ Zitrone
½ Zimtrinde
½ Vanilleschote
50 ml kräftiger Rotwein
3 cl Portwein
1 Spritzer Zwetschgenwasser

HEIDELBEERKUCHEN MIT EIERLIKÖR-EIS

Zutaten für 8 Personen
(8 kleine oder 1 großer Kuchen)

Für das Eierlikör-Eis (ca. ½ l):
je 1 TL Zimtsplitter, Anis- und
Fenchelsamen
200 ml Gewürz-Eierlikör
(siehe S. 27)
150 ml Milch · 150 g Sahne
je 1 Msp. abgeriebene unbehandelte
Zitronen- und Orangenschale
milde Chiliflocken
1 Msp. geriebener Ingwer

Für den Mürbeteig:
2 Eigelb · 80 g Zucker
80 g weiche Butter · Salz
Mark von ½ Vanilleschote
1 TL abgeriebene unbehandelte
Orangenschale
110 g Mehl · 2 TL Backpulver
Mehl für die Arbeitsfläche

Für die Creme:
½ Vanilleschote · 30 g Zucker
15 g Speisestärke
¼ l Milch · 2 Blatt Gelatine
25 g Marzipanrohmasse
Salz · milde Chiliflocken
1 Msp. abgeriebene unbehandelte
Orangenschale · 100 g Sahne

Außerdem:
350 g große Heidelbeeren
250 g Himbeeren
einige Stiele frische Minze
1 EL Puderzucker zum Bestäuben
1 TL abgeriebene unbehandelte
Orangenschale

1 Für das Eierlikör-Eis die Zimtsplitter sowie die Anis- und Fenchelsamen mischen und in eine Gewürzmühle füllen. Den Eierlikör mit der Milch verrühren und mit den Gewürzen aus der Mühle würzen. Die Sahne cremig schlagen und die Gewürzmilch heben. Mit Zitronen- und Orangenschale, 1 Prise Chiliflocken und Ingwer abschmecken. In einer Eismaschine zu einem cremig-weichen Eis frieren, in einen vorgefrorenen Behälter füllen und mit einem Blatt Backpapier bedecken. Das Eis im Tiefkühlfach mindestens 2 bis 3 Stunden durchfrieren lassen, damit es die optimale Konsistenz erhält.

2 Für den Teig die Eigelbe und den Zucker mit den Quirlen des Handrührgeräts hellschaumig aufschlagen. Die weiche Butter mit 1 Prise Salz, dem Vanillemark und der Orangenschale dazugeben und alles glatt rühren. Mehl mit Backpulver sieben, zur Eigelb-Butter-Masse dazugeben und alles zu einem glatten Teig verkneten. Zu einem flachen Ziegel formen und in Frischhaltefolie gewickelt mindestens 1 Stunde in den Kühlschrank stellen, bis der Teig gut kalt ist.

3 Den Backofen auf 160 °C vorheizen. Den Mürbteig aus dem Kühlschrank nehmen, mit den Händen noch einmal kurz auf einer leicht bemehlten Arbeitsfläche durchkneten und in 8 gleich große Stücke teilen. Mit dem Nudelholz zu runden Platten von 8 bis 10 cm Durchmesser ausrollen, auf ein mit Backpapier belegtes Backblech setzen und nacheinander im Ofen auf der mittleren Schiene 15 bis 20 Minuten goldbraun backen. Aus dem Ofen nehmen und abkühlen lassen.

4 Für die Creme die Vanilleschote der Länge nach halbieren und das Mark herauskratzen. Den Zucker und die Speisestärke mischen und mit wenig Milch glatt rühren. Die Gelatine in kaltem Wasser einweichen. Die übrige Milch mit Vanilleschote und -mark, Marzipan und 1 Prise Salz aufkochen. Die angerührte Stärke in die kochende Milch geben, bis diese sämig bindet, und bei milder Hitze unter Rühren kurz köcheln. Eine Prise Chiliflocken und die Orangenschale unterrühren.

5 Den Topf vom Herd nehmen, die Gelatine ausdrücken und in der heißen Masse auflösen. Die Creme in eine Schüssel füllen und mit Frischhaltefolie abgedeckt bei Zimmertemperatur abkühlen lassen. Die Sahne cremig schlagen und unter die abgekühlte Creme rühren.

6 Die Creme auf den Mürbeteigböden verteilen und dicht mit den verlesenen Heidelbeeren und Himbeeren belegen. Mit Minzeblättern garnieren und mit etwas Puderzucker bestäuben. Jeweils 1 Eiskugel auf die Heidelbeerkuchen setzen. Mit der Orangenschale sowie den Gewürzen aus der Mühle (für das Eis) bestreut servieren.

HASELNUSSWINDBEUTEL MIT RIBISELSAHNE

Zutaten für 10 Windbeutel

Für die Haselnusswindbeutel:

20 g geriebene Haselnüsse
60 g Mehl
½ TL Zimtpulver
50 g Butter
Salz
2 Eier (ca. 100 g verquirltes Ei)
Butter und Mehl für das Blech

Für die Ribiselsahne:

125 g Rote Johannisbeeren (Ribisel)
400 g Sahne
2 EL Zucker
1 EL Vanillezucker

Außerdem:

Puderzucker zum Bestäuben

1 Für die Windbeutel die Haselnüsse in einer Pfanne ohne Fett bei mittlerer Hitze unter ständigem Rühren hellbraun rösten und aus der Pfanne nehmen. Das Mehl mit dem Zimt sieben. In einem Topf 100 ml Wasser, Butter und 1 Prise Salz bei mittlerer Hitze aufkochen.

2 Sobald die Butter geschmolzen ist, das Zimtmehl mit einem Kochlöffel hineinrühren und weiterrühren, bis sich nach kurzer Zeit die Masse als Teigkloß vom Topfboden löst und sich am Topfboden ein weißer Film bildet. Den Teig in eine Rührschüssel umfüllen und nach und nach die verquirlten Eier hineinrühren.

3 Den Backofen auf 210 °C vorheizen. Ein Backblech mit Butter einstreichen und mit Mehl bestäuben. Den Teig in einen Spritzbeutel mit großer Sterntülle füllen und damit 10 kleine Häufchen von etwa 5 cm Durchmesser auf das Backblech spritzen. Dabei zwischen den Teighäufchen ausreichend Platz (5 bis 6 cm) frei lassen.

4 Den Ofen kurz öffnen, etwas Wasser hineinsprühen, das Backblech auf die unterste Schiene schieben und die Windbeutel 25 bis 30 Minuten goldbraun backen. Herausnehmen und abkühlen lassen.

5 Für die Ribiselsahne die Johannisbeeren verlesen, gegebenenfalls waschen, trocken tupfen und von den Rispen zupfen. Die Sahne mit dem Zucker und dem Vanillezucker steif schlagen und mit den Johannisbeeren mischen.

6 Von den Windbeuteln das obere Drittel abschneiden, die Ribiselsahne in die Windbeutel füllen und den Deckel wieder aufsetzen. Mit Puderzucker bestäubt servieren.

MEIN TIPP:

Die Ofentür sollten Sie in den ersten 15 Minuten des Backvorgangs nicht öffnen, damit die Windbeutel nicht zusammenfallen. Brandteig benötigt zum Backen feuchte Hitze, damit die Oberfläche des Gebäcks nicht zu früh Krusten bildet, sondern genug Zeit hat, um aufzugehen. Daher sprüht man unmittelbar vor dem Backen etwas Wasser in den Ofen. Alternativ füllt man ein flaches, hitzebeständiges Gefäß mit etwas Wasser und stellt es beim Vorheizen in den Backofen, sodass sich schon Dampf entwickelt hat, wenn der Teig in den Ofen kommt.

HEFEGUGELHUPF MIT HOLUNDERBLÜTENSUD UND ERDBEEREN

1 Für den Holunderblütensud den Wein mit dem Sekt, dem Zitronensaft und dem Zucker in einem Topf aufkochen, abkühlen lassen und den Holunderblütensirup hineinrühren.

2 Für den Gugelhupf die zerbröckelte Hefe in der Milch auflösen, 55 g Mehl dazugeben und alles zu einem zähen Vorteig verrühren. Zugedeckt an einem warmen Ort etwa 15 Minuten gehen lassen. Inzwischen den Mohn in einer Pfanne bei milder Hitze einige Minuten rösten, bis er fein zu duften beginnt und etwas dunkler wird.

3 Die Eier mit dem Zucker schaumig schlagen, Vanillemark, Zitronenschale, Zimtpulver und 1 Prise Salz dazugeben und weiterschlagen. Den Vorteig mit dem restlichen Mehl und der Eimasse verkneten und nach und nach die weiche Butter und den Mohn dazugeben. Alles etwa 5 Minuten kräftig schlagen, am besten in einer Küchenmaschine. Den fertigen Hefeteig zugedeckt an einem warmen Ort etwa 30 Minuten gehen lassen.

4 Inzwischen die Mini-Gugelhupfformen mit Butter einfetten und mit Mehl bestäuben. Den Backofen auf 190 °C vorheizen. Den Hefeteig noch einmal durchschlagen und die Formen damit gut zur Hälfte füllen. Zugedeckt an einem warmen Ort nochmals etwa 15 Minuten gehen lassen, dann die Kuchen im Ofen etwa 15 Minuten backen.

5 Die Gugelhupfe sofort stürzen und auf ein Kuchengitter setzen. Das Gitter auf ein tiefes Blech stellen und die Kuchen noch heiß mit dem Holunderblütensud tränken.

6 Die Erdbeeren waschen und putzen, je nach Größe halbieren oder vierteln. Die Hälfte der Erdbeeren mit dem Zitronensaft und dem Zucker in einem hohen Rührbecher mit dem Stabmixer pürieren. Das Erdbeerpüree durch ein Sieb in eine Schüssel streichen und mit den übrigen Erdbeeren mischen.

7 Die Gugelhupfe lauwarm oder abgekühlt auf Dessertteller setzen, die marinierten Erdbeeren daneben verteilen und mit Minzeblättern garniert servieren.

Zutaten für 8 Mini-Gugelhupfformen (à ca. 150 ml)

Für den Holunderblütensud:
¼ l Weißwein
100 ml Sekt
1 Spritzer Zitronensaft
50 g Zucker
200 ml Holunderblütensirup
(siehe S. 28)

Für den Hefegugelhupf:
12 g frische Hefe
55 ml lauwarme Milch
165 g Mehl
2 EL Mohn
2 Eier
10 g Zucker
Mark von ¼ Vanilleschote
abgeriebene Schale von
¼ unbehandelten Zitrone
1 Msp. Zimtpulver
Salz
65 g weiche Butter
Butter und Mehl für die Formen

Für die Erdbeeren:
500 g Erdbeeren
1 TL Zitronensaft
50 g Zucker

Außerdem:
einige frische Minzeblätter

REGISTER

Willkommen bei Alfons Schuhbeck!

Alfons Schuhbecks Sternerestaurant »In den Südtiroler Stuben« liegt am historischen Platzl, im Herzen von München. Hier finden Sie auch seine Kochschule, sein Restaurant »Orlando« mit der »Orlando Bar«, seinen Eissalon sowie seinen Tee-, Gewürz- und Schokoladenladen. Neben Kochkursen bietet Schuhbeck auch Tee- und Weinseminare an. Seine Produkte können Sie bequem im Online-Shop bestellen. Weitere Informationen erhalten Sie im Internet, telefonisch oder persönlich am Platzl.

Schuhbecks
Am Platzl 2
80331 München   www.schuhbeck.de
Tel.: 089/216690-110   www.schuhbeck-gewuerze.de

Wegweiser zu den Sendungen
2012/2013